HARTMUT BRINKMANN

# Wühlmaus, Giersch und Laubenpieper

HARTMUT BRINKMANN

# Wühlmaus, Giersch und Laubenpieper

*111 wahre Geschichten*
*aus dem Kleingarten*

**KOSMOS**

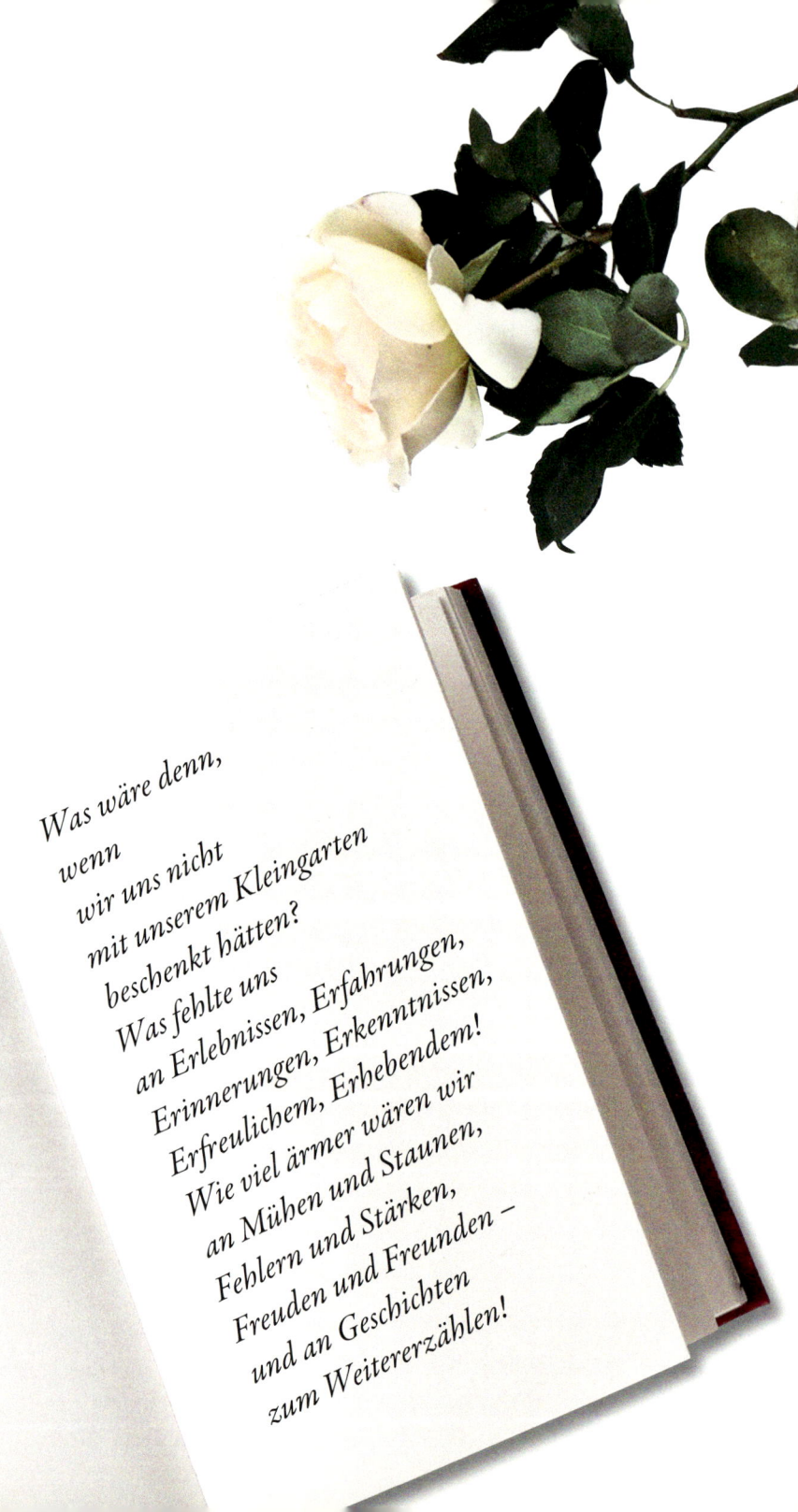

Was wäre denn,
wenn
wir uns nicht
mit unserem Kleingarten
beschenkt hätten?
Was fehlte uns
an Erlebnissen, Erfahrungen,
Erinnerungen, Erkenntnissen,
Erfreulichem, Erhebendem!
Wie viel ärmer wären wir
an Mühen und Staunen,
Fehlern und Stärken,
Freuden und Freunden –
und an Geschichten
zum Weitererzählen!

# Inhalt

Aus dem Gästebuch
in der Gartenlaube

„Ein Traum
aus Farben,
Licht und Duft
auf kleinstem
Raum."

## Tausend Träume werden Wirklichkeit

# 1 *Wir nehmen uns einen Gärtner*

Einen Kleingarten wollten wir immer haben. Dann würden wir uns einen Gärtner engagieren, der für uns die Arbeit macht. Wir würden uns in den Liegestuhl legen und von der Sonne bescheinen lassen. Im Garten würde der Fachmann werkeln. Das stand fest. Das war die Voraussetzung für den gedachten mutigen Schritt: Ja, wir pachten einen Gachten (so spricht man im Hannöverschen das Wort Garten aus).

Aller Anfang ist leicht. Man muss nur wollen. Wir wollten, konnten aber noch nicht. Aber geschnuppert haben wir immer schon mal, bei Spaziergängen durch die einschlägigen Stadtgebiete. Eine Gartenanlage haben wir dabei entdeckt, die hinter hohen Bäumen, Hecken und Büschen versteckt lag, nicht weit vom Stadtwald entfernt. Aber da war ein großes Tor davor, wir dachten an die Hinweisschildchen am Bankschalter: Bitte Diskretion. Ein Gartentor ist ein Gartentor – da gehen wir diskreten Menschen nicht durch.

Bis ich es schwarz auf weiß in der Zeitung las: Kleingärten gehören in Hannover zum Öffentlichen Grün, da durften wir gern spazieren gehen. Also ausprobiert! Und da sahen wir sie, die Laubenpieper bei der Arbeit. Einer legte gerade eine neue Rasenfläche an. Andere harkten, schnitten Blumen, klönten miteinander. Da sah alles ganz friedlich und sympathisch aus. Vor allem die Aushänge am Schwarzen Brett: Kein Hinweis auf Vereinsmeierei, Kasernenhofton, Regelungswut. Der Vorstand nahm Bewerbungen interessierter Pächter entgegen. Wir bewarben uns, und eines Tages war es so weit: Wir durften eine Parzelle pachten.

Das haben wir, kurz entschlossen, auch gemacht. Unser Garten ist 20 Sekunden breit und 25 Sekunden lang. Mehr Zeit benötige ich nicht, wenn ich gemessenen Schrittes über Wege und Rasen gehe.

Einen Gärtner haben wir nicht engagiert. Schon im ersten Jahr stellte sich heraus: Ich habe gar nicht zwei linke Hände. Ob ein grüner Daumen daran war, würde sich schon noch herausstellen. So wurde ein Traum Wirklichkeit.

Wir sind dem Dichter und Botaniker Walahfrid Strabo gefolgt, der hat geschrieben: „Obwohl ein Leben in Zurückgezogenheit allerlei Freuden bietet, sind sie nichts im Vergleich zu der Zeit, die man dem Studium der Kräuter widmet oder dem Bestreben, der Natur praktische Kenntnisse abzugewinnen. Schafft euch also einen Garten an!"

## 2  Mein grünes Tagebuch

Kleingarten – im Tagebuch festgehalten. Vom ersten Jahr an habe ich sie notiert, die erinnerungswürdigen Ereignisse und die alltäglichen Beobachtungen, Erfahrungen, Misserfolge – alle meine Umwege zum Erfolg.

Beispiele: Im zweiten Gartenjahr am 29. Juni habe ich meine Kartoffelpflanzen gewässert und die Anweisung notiert: Nicht ernten, solange die Blätter grün sind, erst ernten, wenn das Laub trocken wird! Genau fünf Jahre später: Edellieschen und Hänge-Verbenen angeschafft, Narrentaschen unterm Zwetschgenbaum zusammengeharkt. Und wiederum ein halbes Jahrzehnt darauf, zur nämlichen Zeit: Spaziergänger in den Garten gebeten, blühende Rosen gezeigt. Wenn ich einmal alt sein werde und kein Laubenpieper mehr, und falls ich dann noch lesen kann, werde ich lange Winterabende mit unerschöpflicher Lektüre verbringen und mich erinnern.

Kostbar ist uns auch ein anderes wichtiges Werk: Unser Gartenlaubengästebuch. So viel Liebenswertes haben unsere Gäste da hineingeschrieben! Und Zitierfähiges ist auch reichlich darunter, gut geeignet zum Ausschmücken von elf Kapiteln eines kleinen Laubenpieperbuchs.

## 3 Gespräche an der Gartenpforte

„Wollten Sie immer schon mal schöne Rosen sehen?" Das fragte ich die drei, die gerade an unserem Garten vorbeigehen wollten. „Nein, danke", sagte die Erste. „Meine Mutter interessiert sich vielleicht dafür", sagte der Zweite. Und die Mutter? Sie kam gern zu uns herein und zu unseren blühenden Rosen.

Unseren Gartenzaun kann man nicht erkennen. In ihm wächst willig und andauernd die Hainbuchenhecke, die alle Wege in unserer Kolonie säumt. Zwei Mal im Jahr wird die Hecke beschnitten. Was herunterfällt, lasse ich gern zerkleinert an ihren Füßen. Das hat mir ein Ahlemer Düngerprofi beigebracht: Den Heckenschnitt verrotten lassen, reiche als Düngung völlig aus. Selbst als sie einmal kräftig auf 90 Zentimeter Höhe heruntergenommen wurde, nahm sie das nicht krumm. Ihr war die Verjüngung willkommen. Sie trieb kräftig aus und war bald wieder bei einem Meter zwanzig angelangt.

Zaun und Hecke sind weder oben noch unten unüberwindbar. Unten bietet sich mancher Durchschlupf für Wildkaninchen, den schaffen sie sich leicht mit ihren kräftigen Vorderläufen. Auch Amseln hüpfen gern auf der Suche nach Frühstückswürmern durch die Lücken.

Über unsere Gartenzaunhecke hinweg kann man in den Garten sehen. Wie das Ehepaar, das verwundert zum Flieder hochblickte, im September: „Blüht Ihr Flieder jetzt noch, und blüht Flieder denn jetzt auch rot?" Da konnte ich leicht erklären, was da blühte: 'Sommerabend', die Bodendeckerrose, die ich zur Kletterrose erzogen und in den Fliederbaum geführt habe.

Von hier aus sieht man auch im frühen Sommer gut zum Apfelbaum hinüber, wenn er schon Blätter hat und die ersten kleinen Früchte zeigt. Dann ist er über und über mit weißen Blüten übersät, die Apfelblüten ähneln, aber zur Ramblerrose 'Kiftsgate' gehören – ein dankbarer Stoff zum Erzählen am Gartenzaun. Und wenn gerade keiner kommt, kann ich immer noch mit meinen Rosen sprechen.

# 4 *Wie das Garten-Wissen wächst*

Wir können, wenn wir wollen, an jedem Tag unseres länger andauernden Gartenlebens lernen. „Man wird so alt wie eine Kuh und lernt immer noch dazu", hat mir eine alte Uelzener Gartenherrin einmal geantwortet. Recht hat sie. Einer englischen Gartenschriftstellerin verdanke ich die Weisheit: „Gärtner sind wie Pflanzen, sie fangen stets klein an."

Es lohnt sich für Anfänger, Gärten anderer Leute zu besuchen. Es zahlt sich aus, aus dem reichen Schatz der gedruckten Werke die richtigen, die praxisnahen in den Garten zu tragen. Was du schwarz auf weiß besitzt, kannst du getrost beim eigenen Tun auf seine Richtigkeit überprüfen.

Und dann die Gartenexperten. Wo man ihnen begegnet, da soll man sie fragen, damit sie etwas von ihrem Wissen und ihrer Erfahrung abgeben können. Meistens tun sie das gerne. Manchmal wirkt das übers Ohr in den Kopf und von dort direkt in die Hände.

Dem Kleingärtner dienen gern die Fachberater ihres Vereins, oder ihres Bezirks, oder die vom Landesverband. Da lohnt es sich, organisiert zu sein. Und anderen Gartenfreunden helfen sie bei Gelegenheit auch auf die Sprünge.

Gärtner Brinkmann genießt zudem sein Privileg als Journalist, die bedeutenden Kenner der Nation zu interviewen und ihr Wissen ins eigene Gärtchen zu transportieren. Wissen hilft wachsen.

## 5 Niemand ist perfekt

Immer mit der Ruhe, nur nicht hudeln! Nichts ist so eilig in meinem Garten, dass ich es überstürzen müsste. Bei mir muss nicht alles perfekt sein. Ich gönne mir den Mut zur Lücke. Auch Fehler sind durchaus zugelassen, wenngleich ich sie nicht absichtlich einbaue, so perfekt ist mein Mut zur Lücke auch wieder nicht.

Bei all meinen Rosen gebe ich mir besondere Mühe. Ich achte, soweit es in meiner Macht steht, auf ihre Gesundheit. Schon bei der Sortenwahl sind mir lange Blühzeit und gute Winterhärte wichtig, Gesundheit und Schönheit selbstverständlich auch. Und trotzdem geschieht es hin und wieder, dass ich mich dabei vertue. Auch einige Zufallsrosen, die zu uns gekommen sind wie verirrte Wanderer, fristen mühsam ihr Dasein und gehörten eigentlich, nach den Regeln der Gärtnerkunst, in den Rosenhimmel befördert. Ich dulde sie aber Saison für Saison. Sie sind nicht perfekt, und ich bin es ja auch nicht.

Ernst Moritz Arndt wusste und schrieb es schon im Jahre 1799: „Die Unordnung hat auch ihre Ordnung in der Welt."

## 6 Offene Pforte und Fußballfinale

Haben Fußballfans nicht ein Recht, wichtige Spiele anzusehen, auch wenn – Tücke des Terminkalenders und der überlangfristigen Planung – unsere Offene Pforte dieses Jahr genau mit dem Endspiel der Fußballweltmeisterschaft zusam-

mentrifft? Stell dir vor, es ist Offene Pforte, und keiner kommt!

Wenigstens nicht in der ersten Halbzeit, als Deutschland im fernen Japan das 0:0 gegen Brasilien noch halten konnte. Nach der Pause waren wir immerhin ein kleiner, aber feiner Kreis von Gartenmenschen, die darauf verzichten konnten, der Niederlage unserer Jungs beizuwohnen.

Mein Garten hätte für Sportsfreunde durchaus etwas zu bieten gehabt: Ein 4-3-3-System bei den Bodendeckerrosen. Kopfbälle zu den Ramblern, die in die Höhe wachsen. Die Viererkette der Fetten Henne hält eine Abseitsfalle für Nacktschnecken bereit. Zur Halbzeit Erfrischung in die (Lauben-) Kabine. Verlängerung ohne Elf-Meter-Schießen bis zum Einbruch der Dunkelheit. Die Rote Karte nur für Kaninchen, die mit hoher Grundschnelligkeit quer übers Gelände hoppeln. Wenn nötig auch Fangesänge: Steht auf, wenn ihr Gartenfreunde seid!

Nach dem großen 0:2-Fernsehereignis strömten sie dann doch herbei, die fußballliebenden Gartenfreunde. Wir sahen und waren nur Gewinner.

# 7 *Gut planen lässt schnell improvisieren*

Der bewahrt ein kostbares Gut, der sorgsam mit seiner Zeit umgeht. Je weniger ich tue, desto schneller rast sie dahin. Je mehr ich aktiv bin, desto intensiver ist sie ausgefüllt. Das wird mir bei der Gartenarbeit besonders deutlich.

Bevor ich in den Kleingarten fahre, habe ich immer einen Plan: Heute will ich dringend dies tun, jenes erledigen. Manchmal halte ich mich daran. Auf den Terrassenplatten klebt allerlei Laub, das muss dringend zusammengefegt werden, damit wir nicht darauf ausrutschen – schon geschafft. Die Beete will ich nach wild wuchernden Sämlingen absuchen, die gerade hier Wurzeln schlagen wollen, wo es wirklich nicht passt, kleine Eichen etwa, auch das ist bald getan.

Häufig entwickelt sich der Gartentag ganz anders als geplant. Für Improvisation ist immer Zeit und Raum. Den Gang durch den Garten nutze ich zum genauen Hinsehen. Und da entdecke ich allerlei, was nicht planbar war. Da sind vielleicht einige stachelige Brombeertriebe, die sich quer in unseren Weg drängen. Damit sich Besucher und auch wir uns nicht verletzen, setze ich hier, mit dem Lederhandschuh bewehrt, die Schere an, oder ich binde die Zweige so zur Seite und nach oben, dass sie nichts mehr anrichten können.

So habe ich im Garten meine kleinen Rituale und bin jedes Mal erfrischt, wenn ich spontan von ihnen abweiche. Das hält mich beweglich in meinen Gedanken und in meinen Arbeitsschritten. Es kommt immer etwas Nützliches dabei heraus.

## 8 Was aus einem Sack mit Buchsbaumschnitt wachsen kann

Beruf: Gärtner – das wäre ein Traum gewesen, wenn ich nicht schon meinen Traumberuf gehabt hätte. So blieb dem passionierten Journalisten nur die Freizeitleidenschaft. Viel Geld habe ich seither in meinen Kleingarten investiert. Das Teure war dabei oft das Preiswerteste. Nur beim *Buxus* verzichte ich von Anfang an auf den Luxus, im Fachbetrieb einzukaufen. Und das kam so: Ein Bauerngärtner schenkte mir einen ganzen Sack voll Buchsbaumschnitt und zeigte mir, wie ich daraus Stecklinge schneiden sollte. Wo mir das Holz kräftig genug erschien, entfernte ich unten die Blätter, beschnitt die oberen rundum und steckte sie alle fünf bis zehn Zentimeter einzeln in die Erde, dicht an dicht.
Ich habe sie alle pfleglich und ausreichend begossen, aber ach! Braun und gelb wurden sie mir im Laufe der Monate, im beklagenswerten Zustand waren sie nach dem Winter. Fast hätte ich aufgegeben, aber dann habe ich sie doch einfach gewähren lassen. Die Belohnung erhielt ich schon im Frühjahr, da zog ich einige Kandidaten heraus und entdeckte kleine, weiße Würzelchen. Bald kamen dann die ersten neuen Blätter, meine Zöglinge wuchsen und zeigten mir: Geduld zahlt sich beim Gärtnern aus.
Im Jahr darauf schon konnte ich die meisten von ihnen als Beetumrandungen, als Minihecken in den Garten umpflan-

zen. Sie gediehen kräftig und prächtig, und wenn ich sie sommers beschnitt, damit sie an den Schnittstellen dicht an dicht austreiben sollten, dann gewann ich neues Material für neue Vermehrungsversuche. Geschnitten habe ich anfangs mit einer Schafschere, die liegt wunderbar griffig in der Hand. Als die Reihen höher und breiter wurden, habe ich zur Heckenschere gegriffen. Und in der letzten Saison, das Alter fordert seinen Tribut, habe ich mir einen kleinen Akkuschneider angeschafft, eine Art Elektrorasierer, mit dem ich gelegentlich, wenn ich in Eile bin, so elegant hantiere wie mit meinem häuslichen Bartschneidegerät. Für die Feinarbeiten schwöre ich weiter auf meine scharfe Schafschere.

In einer Gartenzeitschrift las ich einmal, man solle Stecklinge in Bewurzelungspulver tupfen. Das habe ich, gelehrig, selbst-

verständlich ausprobiert. Das Ergebnis: Mit Bewurzelungspulver hatte ich bei zehn Stecklingen neun Erfolge. Ohne Bewurzelungspulver kamen neun von zehn durch. Seither verdienen die Geschäfte auch an dieser Stelle nichts bei mir. Die neuen Stecklinge kamen Jahr für Jahr einzeln in kleine Töpfe. Wuchsen sie an, hatte ich kleine Geschenke für Gartenbesucher. Und ich konnte meine Beeteinfassungen erweitern, verlängern, neue hinzufügen. Ich setzte die Pflänzchen im Abstand von 15 Zentimetern. Und als ich im Herbst bei meinen Rosen mit der Hagebutteninventur fertig war, habe ich gleich anschließend die 36 laufenden Meter Buchshecke abgetastet. Genau 203 Bäumchen sind es in Reih und Glied, vierzig Zentimeter hoch, dicht und buschig gewachsen. Der jährliche Hochsommerschnitt tut ihnen erkennbar gut.

Wer uns besucht, der erkennt schnell den ausgeprägten Stolz des Hausherrn auf diesen Erfolg. Der Buchsbaumvermehrer wird so selten öffentlich gelobt, da muss er es schon mal selber tun.

# 9 Die lange Liste der unerfüllten Wünsche

War da nicht ein Gedankenblitz, eine Traumidee morgens um halb vier? Ich ernte Hagebutten von einer meiner Lieblingsrosen, schneide sie durch, pule die kleinen Nüsschen heraus, lege sie in einen Sandbehälter. Da bleiben sie über Winter im Keller, und im Frühjahr säe ich sie aus. Vielleicht wachsen neue Rosen daraus, die bisher niemand hat auf der Welt, nur ich hannoverscher Laubenpieper. Die Fantasie führt die lange Liste meiner bisher unerfüllten Wünsche.

Träumen darf der Gärtner auch tagsüber. Bei mir gehört es zu den liebenswerten Erlebnissen, Nichtvorhandenes in den Garten zu denken. Eine Kräuterschnecke dort hinten in der Ecke – wenn sie nur genug Licht bekäme. Ein sonnenscheingesteuertes Wasserspiel auf kleinstem Raum, mitten auf unserem Rasen – und wo stellen wir dann die Sonnenliegen hin? Für die legendäre weiße Christrose, *Helleborus*, würde ich schon noch ein Plätzchen finden – ihr Blühauftritt mitten im Winter fehlt noch in meinem Gartenparadies. Blattlausresistenter Kopfsalat wäre ein Gewinn. Sonnenhut in größerer Zahl könnte uns im Sommer noch heiterer stimmen. Neue Blumenarten würde ich gern erproben: Angelonien, Nemesien. Auch ganz profanes Wünschen könnte Wirklichkeit werden: Den Rasen neu anlegen, die grauen Platten vor der Laube durch schönere ersetzen – vielleicht, demnächst, wer weiß.

# 10  *Tausend Träume werden Wirklichkeit*

Ein Traum ist ein Traum ist ein Traum. Hobbygärtner haben mehr als einen.

Garten ist Wirklichkeit. Absicht und Zufall. Überraschung und Schönheit. Tempo und Ruhe. Beobachten, Voraussehen, Geduld. Lernen und Leben. Und diese Erfahrung: Jedes Mal, wenn etwas Gutes, Schönes zu Ende geht, sollte auch etwas Neues, Schönes beginnen.

Ich habe in meinem Garten schnell gelernt, was Tolstoi gemeint hat: „Nichts geht unter hier auf Erden. Jede Tat, jedes Wort, jeder Gedanke fasst Wurzel und wächst wie ein Baum.“

Aus dem Gästebuch
in der Gartenlaube

„Balsam
für die Seele.“

# In den Garten gehen nur die Harten

# 11  Das richtige Alter: Mit 66 Jahren?

Ernster kann ich die Frage gar nicht stellen: Wann ist man im richtigen Alter für einen Kleingarten? Und heiterer kann ich gar nicht darauf antworten als mit Udo Jürgens. In seinem Schlager besingt er es schon lange auf das Trefflichste: Mit 66 Jahren, da fängt das Leben an.

„Was Hänschen nicht lernt, lernt Hans nimmermehr." Das ist längst überholt. Wer sagt denn, dass man mit 50 nichts mehr dazulernen darf? In dem Alter habe ich mit dem Gärtnern begonnen. Bei uns in der Kleingartenkolonie sehe ich manchmal Dreijährige mit winziger Harke und kleiner Gießkanne. Einer von uns war über 90 Jahre alt, als er noch in die Apfelbäume stieg. Das richtige Alter fürs Gärtnern ist, da bin ich sicher: Jetzt.

Wer älter wird an Lebensjahren, muss jede Chance zur körperlichen Ertüchtigung nutzen, und deshalb kommt mir kein motorgetriebener Riesenrasenmäher in den Garten. Ich erledige das altmodisch mit dem handgetriebenen Gerät und durchmesse meine Rasenflächen gemächlich zu Fuß. Zur freudig erledigten Gartenarbeit gehören Kratzer, Schrammen, blutige Ratscher – die ehrenvollen Spuren an Händen und Armen des Rosenfreunds verlangen wenig Pflaster, aber den dauerhaften Schutz von Tetanusimpfungen.

Was ich an Energie in meine Gärten stecke, kommt zu mir zurück. Ein Teil unserer Kraft kann aus unserem Garten wachsen. Alt-Japanische Verse haben es mir angetan: „Die Jahre vergehen, das Alter häuft sich, doch der Anblick von Rosen befreit mich von allen Sorgen."

## 12  In der Ruhe liegt die Kraft

Grund zur Aufregung? Dann würde ich etwas falsch machen. Wenn ich einmal abgehetzt zu meiner Parzelle eile, merke ich an mir nach kurzer Zeit: Ich werde langsamer. Ich entschleunige. Ich bleibe hier an der Fetten Henne stehen und hebe ihre Blütenstände aus dem Weg. Ich staune dort über den dritten Flor einer Strauchrose, die mir Blüten in Fülle schenkt. In modernen Fernsehsendungen jagen schon mal 100 Bilder in der Minute über den Bildschirm. Bei mir im Kleingarten dürfen es gern weniger sein.

Mein Garten ist jeden Tag ein anderer. Ich ändere etwas in ihm. Er ändert sich auch ganz ohne mein Zutun. Er ändert mich.

In Leo Lionnis zauberhaftem Kinderbuch „Frederick" sagt die Maus, die scheinbar faul ist: „Ich arbeite doch. Ich sammle die warmen Sonnenstrahlen, die bunten Farben und die Wörter." Das sind dann wunderbare Vorräte für den Winter. Nimm dir ein Beispiel, Gartenfreund Brinkmann!

# 13 Nur der Bruchteil einer Sekunde

Damit hatte ich nicht gerechnet, dabei hätte ich es auch wissen dürfen. Die meisten Unfälle geschehen im Haushalt und im Garten. Dabei habe ich eine nützliche Teleskopschere, einen Langarmkneifer, mit dem ich einen halben Meter weit nach hinten reichen und dort, dicht am Zaun, den vertrockneten Rosenzweig hätte abschneiden können. Dieses praktische Werkzeug lag aber ordentlich im Regal, im Geräteraum meiner Gartenlaube. Zur Hand hatte ich eine schlichte, scharfe Rosenschere. Mit der bückte ich mich weit nach vorn, nahm den Zweig in die linke Hand und schnitt zu, haarscharf am Holz vorbei in die Kuppe meines Zeigefingers. Es geschah im Bruchteil einer Sekunde, und ehe ich nachdenken konnte, floss reichlich Blut.

„Druck stoppt Blut", sagt unser Hausarzt. Also habe ich erst einmal die Schnittstelle mit dem linken Daumen fest zusammengedrückt und rechts mit dem Erste-Hilfe-Kasten aus unserer Laube hantiert, eine Binde herausgezogen, und dann fehlte mir die dritte Hand. Also lief ich zu den nächsten erreichbaren Nachbarn. Die Gartenfreundin – „ich kann Blut sehen" – fasste beherzt zu, umwickelte dick den malträtierten Zeigefinger, machte einen kräftigen Knoten und entließ mich zur schnellen Fahrt in die Unfallklinik.

Manchmal sieht es anfangs schlimmer aus, als es ist. Die Fingerkuppe saß noch dran. Sie wurde verarztet, es blieb nicht einmal eine Narbe, und weh tut es schon gar nicht mehr. Es war aber eine einschneidende Erfahrung. Für Unachtsamkeit reicht manchmal schon der Bruchteil einer Sekunde.

## 14  Wie im Mittelalter:
## Ohne Strom und fließend Wasser

Zu uns müssen keine Gräben gegraben, keine Kabel gezogen, keine Leitungen verlegt werden. Unser Schrebergarten bleibt so, wie er ist: Ohne elektrischen Strom. Und ohne fließendes Nass aus dem Wasserhahn. Wir setzen altmodisch auf Tageslicht und – nötigenfalls – Kerzenschein. Ich vertraue auf Wassergaben aus dem Himmel und auf meine Muskelkraft, die Brunnenwasser aus der Tiefe holen kann.

Da dient mir die über 50 Jahre alte Doppelkolben-Schwengelpumpe der Marke Allweiler vom Typ Bodan 75. Sie ist schon lange nicht mehr auf dem Markt, aber der Fachmann kann sie noch im Winter generalüberholen, für 137,44 €, und wünscht zur neuen Gartensaison: „Frohes Wasserlassen!" Er gibt mir den heißen Tipp mit auf den Weg: Vor dem Start nach Ostern soll ich den Kopf abschrauben, Wasser einfüllen, die Ledermanschetten mehrere Stunden feucht werden lassen, damit die Pumpe richtig zieht. Das weckt Erinnerungen an Nachkriegsjahre: Auch damals holten wir das tagtägliche Trink-, Koch-, Spül- und Waschwasser mühsam mit der Pumpe aus dem Grund.

Hier im Kleingarten ist die Wasserversorgung selbst in trockenen Wochen gesichert. Elf Meter reicht die Brunnenbohrung in die Tiefe, da ist immer genug Grundwasser erreichbar. Auf teures Leitungswasser können wir verzichten. Elektrischen Strom brauchen wir auch nicht, weder für die Wasserpumpe noch zur Beleuchtung unserer Gartenlaube. Zusammen mit den Rosen macht das unseren Garten nur romantischer.

# 15 Überraschung:
## Hochzeitstag im Kleingarten

**Zögern** würde ich keine Sekunde, wollte ich mir wieder eine Überraschung für meine bessere Ehehälfte ausdenken. Ich würde ihr wieder zum Hochzeitstag ein besonderes Erlebnis voll Harmonie und Lebensfreude schenken, wie damals zum 40. Hochzeitstag. Verabredet war: Keine Feier, keine Gäste, sondern traute Zweisamkeit im Kleingarten, bei Sonnenschein und 30°C im Schatten, also bei einem Wetter just wie damals am gleichen Tage im Jahr 1963.

Doch dann, um 14:15 Uhr, kam Bewegung in das Idyll. Ich rückte Tisch und Stühle zurecht, schloss die Gartenpforte auf

– und schon kamen sie, liebe Freunde mit Kaffee und Kuchen im Gepäck, andere nur mit fröhlichen Gesichtern und gespannter Erwartung.

Meine Liebste war mehr als nur überrascht. Sie musste, um gute Gastgeberin zu sein, diesmal aber gar nichts arbeiten, ihr Hochzeitstaglächeln reichte aus zum Empfang der plötzlichen Gäste. Und pünktlich um drei Uhr klangen beschwingte Walzerklänge vom Gartenweg herüber, kamen näher, erreichten unsere Parzelle, und herein schritt, hochsommerlich behütet, wohlklingend die junge Akkordeonvirtuosin Penélope Simms. In den Garten gehen nur die Harten? Manchmal auch die Musischen, die Musikalischen, die Sanften und die Zarten.

## 16  Hier ist Impfen besser als Heilen

Bis heute ist es immer glimpflich ausgegangen. Nichts Folgenschweres ist mir bei meinen Gartenmissgeschicken zugestoßen. Über Kleinigkeiten mag ich gar nicht klagen: Der Rosenstachel unterm Fingernagel ist für den Augenblick schmerzhaft, lässt sich aber nach geduldigem Einweichen mit einer Scherenspitze wieder herauskratzen – ohne Operation. Ein Unfallarzt hat mir erzählt, er sei schon oft zu Kleingärten gerufen worden und habe dort Verletzte aufgesammelt und versorgt. Wie kann das nur angehen! Gartenarbeit ist doch so gesund. Nein, an der Gartenarbeit kann es gar nicht liegen, auch nicht an scharfen Scheren oder wackeligen Leitern, sondern nur an Gedankenlosigkeit. Aber so sind wir Menschen. So müssten wir nicht sein, wir könnten lernen wollen.

Und impfen lassen können wir uns. Nicht gegen Scherenschnitt und Leitersturz. Wohl aber gegen Zeckenbiss, wenigstens gegen das FSME-Gesundheitsrisiko. Vor allem aber gegen Wundstarrkrampf. Die Pflicht zur regelmäßigen Tetanusimpfung sollte in der Kleingartenordnung verankert werden. Nur Impfungen bieten Schutz. Sie können uns den Spaß an der Arbeit in der Natur, an der frischen Luft erhalten.

# 17 Der Garten ist mein Doktor

Zeit seines Gartenlebens galt für ihn der Satz: „Der Garten ist mein Doktor." Dieses Bekenntnis eines alten Arztes und Gartennachbarn hat mich früh schon überzeugt. Er hatte sich in jüngeren Jahren schon einen Kleingarten als Therapie verordnet. Die Natur hat ihm stets auf die Sprünge geholfen.

Der Kleingarten als Therapie für Laubenpieper – heute müsste dieser Anwendung zum Zwecke der Gesunderhaltung ein Beipackzettel angefügt werden. So könnte eine „Gebrauchsinformation Schrebergarten" aussehen:

*Zusammensetzung:*
Wirksame Bestandteile sind Beete und Rabatten, Sträucher und Bäume, Gemüsepflanzen und Obstgehölze, Rosen und Rasen, Hecken und eine Gartenlaube.

*Wirkungsweise:*
Gartenarbeit löst körperliche Trägheit und seelische Verspannungen, hemmt Unlustgefühle und Nutzlosigkeitsempfindungen, beugt unnötiger Langeweile und frühzeitigem Altern vor.

*Anwendungsgebiete:*
Abschwellung von Untätigkeit, Erleichterung bei Überdruss, Linderung von Misslaunigkeit, langfristige Beseitigung von Unglücksgefühlen.

*Gegenanzeigen:*
Bei erhöhter Faulheit, chronischem Nörgeln und unspezifischen Störungen der Lebensfreude ist Gartenarbeit nur nach intensivem Umdenken anzuraten.

*Vorsichtsmaßnahmen und Warnhinweise:*
Die Neigung zu schlechter Laune kann beeinträchtigt sein.
Beachten Sie, dass Ihre Zufriedenheit wachsen kann. Gewarnt
wird vor dem unkontrollierten Verbrauch von Zeit.

*Wechselwirkungen mit anderen Mitteln:*
Bei gleichzeitiger Anwendung anderer Freizeitbeschäftigun-
gen kann eine Erhöhung der Tatkraft und der Mobilität nicht
ausgeschlossen werden. Konflikte im Zeitmanagement und
in der Terminplanung müssen von Fall zu Fall gelöst werden.

*Dosierungsanleitung, Art und Dauer der Anwendung:*
Vor dem erstmaligen Gebrauch sind einige einübende Maß-
nahmen nach fachlicher Beratung notwendig. Bei allen weiteren Anwendungen ist der Kleingarten sofort gebrauchsfertig.
Gartenarbeit ist zur längerfristigen Anwendung vorgesehen.

*Nebenwirkungen:*
Gelegentlich können Sie Herzklopfen bekommen beim Anblick betörender Blütenfülle. Anfälle von Arbeitswut klingen
häufig auf natürliche Weise wieder ab.

*Überdosierung und andere Anwendungsfehler:*
Intensive Gartenarbeit kann zu Gesichtsschweiß, Pupillen-
erweiterung, Atembeschleunigung und raschem Herzschlag
führen. Sollten Sie einmal Ihr Arbeitspensum versäumt
haben, holen Sie es einfach so bald wie möglich nach.

*Gegenmaßnahmen:*
Beim Erkennen leichter Reizerscheinungen wie Unlust,
schlechte Laune und Widerspruchsneigungen unterbrechen
Sie die Anwendung vorsorglich und nehmen sie erst am Fol-
getag wieder auf. Bei Komplikationen oder Irritationen fragen Sie Ihren Kleingärtnerfachberater oder Gartennachbarn.
Bei nachhaltigem Erfolg dieser Anwendung schreiben Sie Ihrem Autor Hartmut Brinkmann im Kosmos Verlag.

## 18 *Angst vor den Vandalen*

Käme doch nachts einmal eine Polizeistreife durch unsere Kolonie! Zum Teufel mit den Vandalen! Ich meine nicht den alten germanischen Volksstamm. Ich schreibe von zerstörungswütigen Menschen der Heutzeit, die nachts Pforten eintreten, Fensterläden aufbrechen, Scheiben zerschlagen, Lauben durchsuchen, Bäumchen ausreißen oder umknicken. Böse Buben treiben wahllos im Schutze der Dunkelheit ihr Unwesen und verschwinden unerkannt, zumeist.

Wir sind bisher verschont geblieben. Unsere Laube ist unberührt. Mein abendlicher Zuspruch muss wirksam sein, den ich ihr in die Nacht mitgebe: „Mach mir keinen Kummer!" Nun deckt auch viel Laub unsere Laube. Kletter-Hortensie, hoch wachsende Clematis, Wilder Wein, Jelängerjelieber, Efeu – da kommt viel Grün zusammen, und nachts sind alle Grünen grau.

Wer sich doch einmal nachts in unseren Garten trauen sollte, sei gewarnt. Die meisten meiner vielen Rosen haben Stacheln und wissen sich zu wehren. So wie die mächtige *Rosa helenae* am Wildrosenweg in unserer Kolonie es getan hat, als nächtliche Eindringlinge ihr Klettergerüst umstoßen wollten. Die wenig fromme Helene sträubte sich mit Tausenden von tückischen Stacheln gegen die Missetäter – ein blutiges Taschentuch zeugte am nächsten Morgen vom Erfolg der Gegenwehr. An dieser Stelle, da bin ich sicher, werden es die bösen Buben kein zweites Mal versuchen, ihren tollen Mut oder auch nur ihr kleines Mütchen zu kühlen. Vielleicht, hoffentlich hören sie ganz mit diesem Unfug auf.

## 19  Heinzelmännchen im Kleingarten

Einst war's im Garten angenehm,
Mit Heinzelmännchen so bequem!
Denn, war man faul: … man legte sich
Hin auf die Bank und pflegte sich:
Da kamen bei Nacht,
Ehe man's gedacht,
Die Männlein und schwärmten
Und klappten und lärmten
Und rupften
Und zupften
Und hüpften und trabten
Und putzten und schabten …
Und eh ein Faulpelz noch erwacht …
War all sein Tagewerk … bereits gemacht!

Mal hatte Schreber große Pein:
Sein Garten sollte fertig sein.
Warf Werkzeug weg und legte sich
Hin auf das Ohr und pflegte sich.
Da hüpften sie frisch
Aus dem Gebüsch;
Sie schnitten und harkten
Und fegten und sägten,
Und fassten und passten,
Und strichen und guckten
Und zupften
Und ruckten,

Und eh mein Kleingärtner erwacht:
War die schönste Pracht … bereits vollbracht.
Neugierig war des Schrebers Weib,
Und macht sich diesen Zeitvertreib:
Streut Erbsen hin die andre Nacht,
Die Heinzelmännchen kommen sacht.
Eins schlägt nun hin,
fällt hin aufs Kinn,
Die rollen in Hecken
und stürzen auf Zecken,
Die fallen mit Schallen,
Die schelten
Und schreien
Und vermaledeien!
Sie springt herbei auf diesen Knall
Mit Licht: Husch husch husch husch! – verschwinden all!
Oh weh! Nun sind die Männchen fort,
Und keines heinzelt mehr am Ort!
Man kann nicht mehr wie sonsten ruhn,
Man muss nun alles selber tun.
Ein jeder muss fein
Selbst fleißig sein,
Und säen und pflücken
Und jäten und bücken
Und kratzen und zupfen,
Und harken und hacken
Und sägen
Und placken.

Ach, dass es noch wie damals wär!
Doch kommt die schöne Zeit nicht wieder her!

# 20  In den Garten gehen nur die Harten

Traten praktische Probleme auf, die handwerkliches Geschick verlangten, konnte ich immer sagen: Ich kann das nicht. Das Märchen von den zwei linken Händen, mit denen ich von Natur aus ausgestattet worden sein sollte, hatte ich fünf Jahrzehnte geglaubt und kultiviert. Mit dem Schrebergarten wurde es Zeit, davon Abschied zu nehmen. Ich hatte stets gedacht, dass ich mit meinen Händen gerade mal Schreibmaschine schreiben könnte. Im Garten habe ich gemerkt, was ein Gutwilliger alles lernen kann.

Den Durchbruch haben mir die Rosen geschenkt. Ich war schon angeregt und aufgeregt, als mir das Verlegen von Steinplatten als Einfassung meines Plattenwegs am Eingang gerade und gleichmäßig gelang – sie hat bis heute standgehalten. Aber die Gewissheit, dass ich gärtnern kann, liegt im Erfolg mit meinen Rosen begründet. Ich arbeite beidhändig an ihnen und sie erfreuen beide Gartenbewohner. Das ist ein gutes Geschäft auf Gegenseitigkeit.

Der indische Dichter Rabindranath Tagore wird in Kleingärtnerkreisen oft zitiert. So steht es in der deutschen Übersetzung der Originalverse:

„Dumme rennen,
Kluge warten,
Weise gehen in den Garten."
Ich will seinen Dreizeiler einmal variieren:
Dumme zögern,
Harte warten,
Schlaue gehen in den Garten.

Aus dem Gästebuch
in der Gartenlaube

„Bezaubernde
Rosenpracht voller
Blütenwunder,
Farbvielfalt und
einer berauschenden
Duftpalette."

# Ein Versuch macht
# – manchmal – klug

## 21 *Einsamer Weinstock im niedersächsischen Rosengarten*

**Noch** hat mich in meinem Garten kein Experiment auf Dauer entmutigen können. Uns Laubenpiepern ist ja nichts zu schwer. Wir wollen zwar nicht Ananas in Alaska züchten, wie vor langer Zeit Franz Josef Strauß. Aber Wein in die norddeutsche Tiefebene holen, das trauen wir uns schon zu. Ich mir wenigstens ein klein bisschen. Und weil man einem geschenkten Barsch nicht ins Maul schaut und einem geschenkten Weinstock nicht auf die Wurzeln, habe ich ihn im Sommer 2005 eben tapfer ausgepflanzt.

Ein Professor aus der Lüneburger Heide, der ihn mir verehrt hat, war sicher, ich wüsste schon damit Bescheid. Aber woher stammt diese Pflanze eigentlich? Wie und wann schneide ich?

Ich bekam Antwort und Anweisung aus der Naturschutzakademie: „Das Elter Ihres Weinstocks ist vor 16 Jahren von Laufen/Salzach in die Lüneburger Heide umgezogen und erfreut uns jedes Jahr mit über 10 kg herrlicher blauer Trauben."

Dann folgte guter Rat zum Rückschnitt im Frühjahr, zum Festbinden der neuen Ruten und zum Entfernen von Blättern im August und September, damit sie die Trauben nicht beschatten. und sie in der vollen Sonne reifen können.

Ich habe mich treulich an alles gehalten und schon im dritten Jahr nach dem Pflanzen ein Pfund süßer Trauben abgepflückt.

Es wären gut und gerne zwei Pfund geworden, wäre ich schneller gewesen: Unsere gefiederten Freunde, die uns so viel Freude machen, wissen die süßen Früchte von der Salzach auch zu schätzen: Sie haben vor mir geerntet.

# 22  Nichts ist für die Ewigkeit

Andere Gartenfreunde planen für die Jahrhunderte, setzen einen Nieroster-Zaun rund ums Grundstück und hoffen auf ausdauernde Haltbarkeit. Mir hat das Gärtnern die Gewissheit eingebracht: Nichts ist hier für die Ewigkeit.

Als die Eichenpfosten an der Eingangspforte sich im Erdreich morsch gestanden hatten, wurden sie auf einzementierte Metallständer gesetzt: Nun dürfen sie noch ein paar Jahrzehnte überdauern.

Als die Halbpalisaden-Beeteinfassung nach fünf Jahren zerbröselte, der Druckimprägnierung zum Trotz, habe ich sie kurz entschlossen herausgerissen und erneuert, Wiedervorlage in fünf Jahren.

Als die Hängekätzchenweide gleich hinterm Eingang aus un-
geklärter Ursache verdorrt war, habe ich sie ausgegraben und
Platz geschaffen für einen Obelisken mit Kletterrose.

Als der Schneespierstrauch nach einem blütenschwachen
Frühling im Sommer immer dürrer wurde, habe ich sämt-
liche Zweige gekappt und – im Dreimännerkraftakt – alles
Wurzelwerk ausgegraben. Ein schönes Planquadrat ist da frei
geworden, ein feines Plätzchen für etwas Schönes, Neues,
Hoffnungsfrohes.

Nun darf ich, wenn Pflanzen kränkeln, nicht gleich die Geduld verlieren. Es geht uns Menschen nicht viel anders, wir
haben auch mal einen Schnupfen; wer kann schon andauernd
kerngesund sein! Aber, wie sagte schon Frau Hagedorn: Was
sein muss, muss sein. Wenig ist für die Ewigkeit.

Das gilt auch für meine berühmte Kompost-Regenwurm-
Wanderkiste. Ich habe sie 1997 gebaut, nach dem Vorbild einer Musteranlage auf der Bundesgartenschau in Gelsenkir-
chen. Es sind zwei in die Erde eingelassene Kompostbehälter,
mit einer Trennwand aus durchlöcherten Ziegelsteinen, mit
ein paar Hundert Kompostwürmern „Tennessee Wiggler" als
Startkapital besetzt. Sie und ihre zahlreichen Nachkommen
bekamen elf Jahre lang alles Kompostierbare aus Küche und
Garten. Als Gegenleistung lieferten sie mir zwei bis drei Mal
im Jahr drei bis fünf gefüllte Schubkarren bester Komposterde. Damit ist nun leider Schluss. Aber durchgehalten hat das
Holz mehr als ein Jahrzehnt, bis der berüchtigte Zahn der
Zeit genug genagt hatte.

Nun habe ich die Komposterde zum letzten Mal abgeerntet.
Die löchrigen Ziegelsteine habe ich herausgezogen – der
Grundstock für ein kleines Insektenhotel. In die langsam zu-
sammenfallende Grube habe ich allerlei Schnittgut gefüllt,

Äste, Zweige, welkes Laub. Da ist noch Platz für den Nach-schub der nächsten Jahre, bis alles Holz wieder zu Erde ge-worden ist. Aus Erde gewachsen, zu Erde geworden – viel-leicht ist das doch etwas für die Ewigkeit.

## 23  Tolle Knolle? Topinambur

Hindernisse sind nicht immer vorhersehbar. Manch-mal wachsen sie unerwartet aus der Erde hervor. Eines Tages mussten wir entscheiden: Was machen wir nur mit dieser ko-mischen Knolle? Behielten wir sie, die Indianerkartoffel aus Nordamerika? Oder wollten wir sie wieder loswerden? Nichts ist anregender als ein Experiment. Hatten wir hier die gesun-de Superkartoffel oder nur ein neues, wucherndes Unkraut? Der Duden beschreibt Topinambur schlicht als Gemüse- und Futterpflanze. Die Sorte in unserem Versuch galt als für den menschlichen Verzehr geeignet. Spannend schienen mir die vielen deutschen Namen, die ich in der einschlägigen Litera-tur entdecken konnte: Sonnenrübe, Erdbirne, Erdschocke, Jerusalem-Artischocke, Rosskartoffel.

Als das geklärt war, konnte ich die Handvoll Knollen, die ich gekauft hatte, in die Erde bringen. Heraus kamen im nächsten Sommer meterhohe Pflanzen, mit Blüten im Sommer und Ernte im Herbst. Da holte ich Bizarres aus dem Boden, zum Teil faustdick, rundlich-gezackt und länglich-spindelförmig. Sie lassen sich nicht schälen, sie werden roh gegessen oder kommen ungeschält auf den Herd. Mir schmeckten sie roh ein wenig wie Radieschen. Meine Lieblingsköchin hat die tol-len Knollen ein einziges Mal (und nie wieder!) in die Pfanne geschnitten. Die Bratkartoffeln waren buttergetränkt, sie schmeckten gewöhnungsbedürftig, eher schwer verdaulich.

Topinambur ist bei Pferden offensichtlich beliebter als bei Brinkmanns. Ich habe einen Beutel voll einer Reiterin mitgegeben, damit sie ihr Pferd damit füttere. Als ich sie wiedersah, hatte sie eine sehr höfliche Antwort parat: Wir hätten es ja gut gemeint. Aber ihr Pferd habe den Kopf geschüttelt, und wir möchten uns doch bitte nicht wieder bemühen.

Ich habe das Experiment dann abgebrochen. Nun hieß es damals: Topinambur wirst du nie wieder los. Das war bei uns anders, bei uns haben sie sich, weil ungeliebt, nie wieder blicken lassen. Oder es waren die Wühlmäuse, die sie, ratzfatz, mit Stumpf und Stiel vertilgt haben, echte Feinschmecker auf diesem Gebiet.

## 24 Norddeutsche Kiwis – nicht für den Export geeignet

Hervorragend im Wortsinne, das ist in unserem Kleingarten 'Weiki', die aus Süddeutschland stammende Kiwi-Sorte. Eigentlich war diese Weihenstephan-Kiwi ein Spätentwickler. Ich hatte sie zuerst als kränklich oder zumindest unfruchtbar eingeschätzt. Erst im siebten Jahr bemühte sie sich und blühte, und dann brachte sie uns die ersehnten Früchte. Dass dies ganz natürlich ist, hätte ich früher schon wissen dürfen, aber auch späte Einsicht kommt noch zurecht.

Die Früchte sind klein wie Stachelbeeren, zum sofortigen Verzehr bestimmt, süß – wie eben Kiwis süß sein können. Lange lagern lässt sich meine Sorte nicht. Wer auf die Idee käme, 'Weikis' in großem Stil von Niedersachsen nach Neuseeland zu exportieren, sollte sich das drei Mal überlegen. Unser Kiwi-Strauch ist riesig geworden. Er füllt eine Pergola. Gleich gegenüber klettert die Ramblerrose 'Bobbie James' in die Höhe. Oben haben sich die beiden vermählt.

Nur gemeinsame Nachkommen – Kiwirosen, Rosenkiwis – haben sie noch nicht in die Welt gesetzt.

## 25  Wo ein Wille ist, ist auch ein Weg

Mit gutem Willen und viel Fantasie lässt sich zwischen Beeten ein Ansatz von Waldwegen schaffen. Im hinteren Teil des Kleingartens habe ich Pinienrinde von der grobkörnigen Art ausgebracht, weil nach vier Jahren der alte Belag zerbröselt war. Fünf bis sechs Zentimeter hoch häufele ich die Mulchmasse, harke sie, so gut es geht, und freue mich über die Vorteile: Es geht sich auf Dauer weich darauf, und wild wachsende Kräuter werden unterdrückt.

Aber weil im Garten vieles relativ ist, muss ich auch die Nachteile ehrlich bekennen: Die jungen Wilden werden nicht vollständig unterdrückt. Sie kommen zwar nicht gleich breitflächig auf, aber sie pflügen sich schon durch die Pinienstücke hindurch. Auch Ausläufer von Brombeeren und viel Vogelmiere versuchen, den Weg einzunehmen. Immerhin lassen sie sich, weil einzeln, leicht herauszupfen.

Dann habe ich noch Rasenwege zu mähen. Einige Trittsteine sind darin verwoben, aber sie wachsen immer wieder zu, Gräser wölben sich herum und drüber weg. Der Ansatz bleibt erkennbar und betretbar.

Vor der Laube sind von alters her Platten verlegt, grau aus schnödem, ödem Zement. Die Platten sind hier, weil sie immer hier waren.

Unregelmäßig, aber willig fege ich sie blank, wenn es denn nötig wird. Etwa wenn der Blauregen seine blauen Blüten herabregnet, gerade bevor sich Besuch angesagt hat.

## 26 Blühender Blauregen bittet um Schnitt

**Denen,** die ihn bereits hatten, wollten wir nacheifern. Frau Brinkmann wollte ihn immer haben, üppig an der Laubenwand, bis hoch hinauf aufs grüne Dach. Blauregen soll dort mehr Grün schaffen, blühen und in dichten Trauben malerisch herunterhängen.

Gesagt, gepflanzt, gewachsen. Die erste Blüte war zaghaft. Der zweite Flor blieb zurückhaltend. Auch im dritten Sommer

war unsere *Wisteria* widerborstig blühfaul. War es nicht die richtige Sorte? Hätten wir sorgsamer auswählen müssen beim Kauf? Oder mangelte es nur am kräftigen Schnitt?

Der Versuch brachte den gewünschten Fortschritt. Alle Seitentriebe habe ich nach der blässlichen Blüte eingekürzt, das Längenwachstum brachial gebremst, die langen Schlingpeitschen einmal dezimiert. Danach explodierte unser Blauregen förmlich. Und wächst weiter ungestüm in alle Richtungen. Wir haben ihm bei uns Dauerwohnrecht gegeben.

## 27  Wie auf dem Eukalyptusbaum keine Hustenbonbons wuchsen

Wir Anfänger denken uns: Das versuche ich. Beim Durchblättern eines Gartenkatalogs fiel mir ein Eukalyptusbaum auf. Das war etwas für mein frisches Laubenpieperdasein. Ich würde in ein paar Jahren – was eigentlich? – ernten und die Produktion von Hustenbonbons aufnehmen. Oder wachsen sie direkt auf diesen Bäumen?

Ich wusste damals schon: Diese Idee gilt eher als ungewöhnlich. Das machte ihren Reiz aus. Erst später, aber noch rechtzeitig, fand ich einen Spruch des weisen Römers Seneca: „Wo die Natur nicht will, ist die Arbeit umsonst."

Im ersten strengen Winter sprach die Natur ein Machtwort: „Schluss mit dem Unfug", oder so ähnlich. Das Eukalyptusbäumchen, für wärmere Gefilde bestimmt, bekam bei uns kein Aufenthaltsrecht. Ich musste es schlicht schreddern. Bonbons kaufen wir, wenn es nottut, wie bisher im Laden.

# 28  Der Rasentester ist ein Filou

Erst kam es ihm wohl noch komisch vor, dieses merkwürdige Gefühl unter den Pfoten. Auf unseren wenigen Rasenquadratmetern durfte der Bologneser-Welpe sich zum ersten Mal in einem Garten tummeln. Doch dann tobte das Kerlchen herum, fröhlich und temperamentvoll. Wir alle waren in heiterer Erwartung, wie er sich denn in der für ihn total neuen Umgebung, einem Schrebergarten, aufführen würde. Er tat es sichtlich mit Lust. Die Gartenpforte war vorsichtshalber geschlossen, damit er nicht unternehmungslustig ausbüxen konnte.

Der junge Bologneser machte das Naheliegende und spielte gleich mit den Grashalmen, die ihm die Nase kitzelten.

Er hat sie damals gleich zwischen den Zähnen probiert, und noch heute, berichtet sein Rudelführer, kaut er gerne einmal ein wenig Gras, wenn ihm danach ist oder er ein wenig übermütig wird. Wie damals bei uns im Schrebergarten.

## 29 Meine Kirschpflaume war kein Winterbaum

Fertig – das Abgesägte landete auf dem Totholzhaufen. Es war ein Jammer, half aber nichts. Dabei hatte ich mich so auf wiederkehrende Ernte gefreut. Welch ein Geschmack! Süß und saftig. Die Früchte sahen aus wie Pflaumen. Sie hatten die runden Kerne der Kirschen. Kirschpflaume hieß dieses Gehölz, und es lebte in unserem Kleingarten nur wenige Sommer. So viel Arbeit, und dann doch nur eine begrenzte Freude.

Kirschpflaumen stammen wohl aus frostarmen Regionen. Das hätte ich, wäre ich nicht auf die Prospektbeschreibung abgefahren, vor dem Einkauf bedenken sollen. Aber „hätte" ist kein hilfreiches Wort für den bemühten Schrebergärtner.

Weil sich meine Kirschpflaume als zu zart für tiefe Minusgrade in Norddeutschland erwiesen hat, konnte sie den Winter von 2002 auf 2003 nicht überstehen. Sie ist damals erfroren oder vertrocknet oder beides.

Seither absolviert der stehen gebliebene Rest seine zweite Existenz als Klettergerüst für die Ramblerrose 'Russeliana'. Duftende Blüten in Violettrot beleben seither sommers die tote Kirschpflaume. Der alte Baumstamm wurde brüchig und ließ sich mit zwei Fingern umknicken. Aber aus den Wurzeln kam neues Leben. Das Rosengerüst erneuerte sich selbsttätig, ganz ohne mein Zutun. Nur Kirschpflaumen habe ich noch nicht wieder an den neuen Zweigen entdecken können. Ausschließen will ich nicht, dass sich hier doch noch etwas tut. Wenn die Winter immer milder werden.

## 30 Ein Versuch macht – manchmal – klug

Werden und Vergehen, ich weiß es, gehört nun mal zum Garten. Lange hat die Hängekätzchenweide bei uns im Kleingarten gestanden. Wir hatten sie damals im ersten Jahr gepflanzt, als Blickfang gleich am Ende des Eingangsweges. Der Versuch war ehrenwert. Aber sie war dennoch eine Fehlbesetzung. Sie gehört auch nicht in den Kleingarten, sondern draußen in die Natur, etwa ans Ufer des Flusses Leine. Bäume aus Wald und Flur sollten wir Laubenpieper da wachsen lassen, wo sie Platz haben. Das ist erstens einsehbar und zweitens in der hannoverschen Gartenordnung geregelt: „Das Anpflanzen und das Heranwachsenlassen von ausgesamten Park- und Waldbäumen (wie z. B. Linden, Birken, Pappeln, Weiden, Eichen, Fichten, Kiefern, Tannen usw.) ist in den Gartenparzellen nicht erlaubt." Punkt.

Es hat lange gedauert, bis unsere Weide es uns beigebracht hat. Eines Tages war sie vertrocknet. Ich musste sie herausnehmen. Sie hatte kaum noch Wurzeln, was ich wieder unseren rührigen Wühlmäusen angekreidet habe.

„Versuch macht klug", sagt der Volksmund. Oder eher: Ein Versuch macht manchmal klug. So war es auch mit dem Rhododendron, der gleich vorn an der Pforte schon im Februar vorwitzig geblüht hat. Ein solcher Flachwurzler hasst Trockenheit, braucht mehr Wasser als andere. Mir ist er leider irgendwann vertrocknet, weil ich ihn nicht genug gegossen habe. Umsonst war dieser Versuch nicht, nur vergeblich.

Die Hängekätzchenweide und der Rhododendron, sie beleben meine Erinnerung bis zum heutigen Tage. Und sie illustrieren den Trost, den eine Rosenfreundin ausspricht: Hobby-gärtner brauchen „Mut zum Zulassen von Fehlern", sie müssen nur daraus lernen wollen. Der Dichter James Joyce hat es zutreffend so beschrieben: „Fehler sind das Tor zu neuen Entdeckungen."

Aus dem Gästebuch
in der Gartenlaube

„Ein Idyll an
Duft und
Farben. Sehr schön
für Auge und
Herz."

# Freunde fehlen nie
## in der Gartenkolonie

# 31 Helfende Hände

Wollten wir alles selber tun, bliebe manche schwere Arbeit ungetan. Gartennachbarn sind Gold wert. Auf ihre Hilfe sind wir Laubenpieper im fortschreitenden Alter immer mal angewiesen. Wir revanchieren uns auf unsere Weise, so gut wir können. Über die Jahre sind tiefe und feste Freundschaften gewachsen.

Wie war das doch im beginnenden Herbst? Der 15 Jahre alte Spierstrauch war erkennbar abgängig. Wir hatten ihn damals gekauft, entzückt über die, wie Schneeflocken auf dünnen Trieben verteilten, weißen Blüten. Schneespielstrauch stand damals auf dem Pflanzschild. Anderthalb Jahrzehnte hatte er einen gewichtigen Eckplatz, aber nun wollte er nicht mehr. Struppig und blattarm bot er ein Bild des Jammers, ein dringender Fall für Schere und Astkneifer und Spaten.

Aber beim Spaten stockte ich. Den breiten Wurzelstock des Schneespierstrauchs zu zerteilen und herauszuholen, das überstieg deutlich meine Muskelmöglichkeiten. Auf Freunde ist Verlass. Sie brauchten, vierarmig, keine Viertelstunde. Nun ist ein schöner neuer Platz entstanden, eine Seltenheit in einem dicht bebauten Schrebergarten. Bei der intensiven Beratung mit meiner Rosenliebsten, in allem Ernst der Amateure, war schnell klar, was anstelle des Spierstrauchs – der auch zur Familie der Rosengewächse zählt – neu gepflanzt werden sollte. Nun erproben wir, das ist die Einigkeit nach nur einem Viertelstündchen, 'Jasmina' als Kaskaden-Rose. Darunter versammeln wir vier Edelrosen der Sorte 'La Perla' von Kordes mit kleineren, aber ebenfalls kugelförmigen Blüten, cremefarben, und leichtem Duft. Bei dieser Rosenperle besteht kaum Mehltaugefahr, kein Sternrußtaurisiko – ein aufregender Versuch fürs neue Rosenjahr.

# 32 Viel Platz für die lieben Kleinen

Als das fünfte Kind der Gartengegenüber unterwegs war, kam Besorgnis auf in der Nachbarschaft. Würde es nicht arg laut werden? Würde nicht die Mittagsruhe gestört durch ungebremstes Geschrei? Würden die lieben Kleinen nicht sogar, damit sie sich richtig entfalten können, zum Krachmachen angehalten – wenn es in der Wohnung schon nicht geht, dann doch wenigstens im Garten?

Doch nichts Negatives geschah. Sie waren eben zu fünft, die Kinder, mit den Eltern also sieben. Mit Freunden, Müttern, Vätern, weiteren Kindern manches Mal noch mehr. Inzwischen sind die Ältesten längst Erwachsene, sind die Jüngsten schon so weit, dass sie Blumen pflücken, als Sträuße verkaufen und Geld fürs hochsommerliche Eis einsammeln können. Aber sie haben uns nie gestört. Sie haben mal geweint, gestritten, herumgetobt, geschaukelt, gelacht, sich gefreut wie Kinder das eben so tun.

Die Eltern haben immer fürs rechte Maß gesorgt. Ein festes Wort des Vaters, ein deutlicher Satz der Mutter, und schon waren die kleinen Gartenfreunde mit sich und der Welt versöhnt. Nie in all den Jahren haben wir uns über sie beklagen müssen. Hier ist wenig Platz und doch so viel. Auf 268 Quadratmetern Kleingarten treiben nicht nur Pflanzen Blüten, auch kindliche Lebensfreude darf hier wachsen.

## 33 Reich wie die Gartenmäuse

Schließlich glaube ich es: Gartenmäuse sind besser dran als Kirchenmäuse. „Arm wie die Kirchenmaus" ist jene sprichwörtlich. Unsere Gartenmäuse dagegen sind ohne Zweifel reich. Reich an Nahrung, reich an Schutz vor bösen Feinden. Zeigt sich ein Vogel hoch in der Luft, huschen sie fix unter den nächsten *Buxus* oder das Gestrüpp eines wilden Strauches, sodass weder Adlerauge noch Habichtblick sie entdecken können.

Uns Kleingärtner sehen die Gartenmäuse offenbar als weniger gefährlich an. Ruht einer von uns zur Zeitungslektüre ausgestreckt auf dem Gartenstuhl, und liegt die Tüte mit den trockenen Rosinenbrotresten als Vogelfutterreserve zu unseren Füßen, dann kraspelt es schon mal auffällig, und eines der Rötelmäuschen hat sich hervorgewagt. Sein Hunger überwiegt seine Furcht vor diesen Menschenriesen. Oder hat es sich schon an uns gewöhnt und weiß, dass wir keine Fallen aufstellen, nicht mit dem Spaten schlagen und schon gar nicht kreischend auf den nächsten Tisch springen, wenn wir seiner angesichtig werden?

So treiben sie also ihr Wesen, aber nur so lange toleriert, wie sie nicht zu viele werden. Falls sie immer mehr Löcher in den Rasen bohren, immer mehr mit ihren unterirdischen Gängen unsere Parzelle unterhöhlen, immer neue Stolperfallen schaffen, könnte es eines Tages sein, dass wir doch zur Notwehr schreiten müssen. Das möchten wir ungern, denn ein gelegentlicher Mäusebesuch ist doch recht liebenswert. Aber Gartenmäuse, treibt es nicht auf die Spitze!

# 34 Was lange währt, wird endlich getan: Hagebutteninventur

Land kostet Zeit. Trotzdem müsste ein rüstiger Rentner doch in der Lage sein, schrieb ich schon vor Jahren, einmal im Herbst Hagebutteninventur zu machen. Ich habe mir endlich die Zeit genommen. Ich habe alle meine Rosen im Kleingarten inspiziert und genau aufgeschrieben, wer von ihnen Hagebutten trägt.

Mir Kleingärtner sind nämlich Früchte im Garten wichtig. Und so danke ich meinen Rosen für herbstlichen Schmuck und winterliches Vogelfutter.

Beim Zählen habe ich gleich die Liste meiner Rosensorten ergänzt. Und die aus unserem Hausgarten im Ammerland addiert. Und ohne jegliche Überraschung festgestellt: Es ist aktenkundig, bei Brinkmanns leben jetzt 111 verschiedene Rosensorten.

Nachbarn, Freunde und Fremde wollen nämlich immer wissen, wie viele Rosen es denn nun genau bei uns geworden sind. Und ob ich die Töpfchen mit den Sortennamen vertauscht habe. Und wie ich wieder auf 111 komme, wenn ich einmal eine Pflanze einbüßen sollte. Und was man sonst noch unter Gartenfreunden wissen möchte.

## 35  Luis und Luischen –
## Liebespaar im Rosengarten

In England war einmal ein kleiner, steinerner Rosenkavalier zu Haus. In Laken gehüllt, in einem Kofferraum verborgen, wurde er ins Cellesche verschleppt und erhielt bei uns Rosenexil. Hier steht er nun verträumt, birgt verschämt ein Rosensträußchen hinterm Rücken. Die Duftrose 'Ferdinand Pichard' mit weiß-rot marmorierten Blüten legt sich schon mal auf seine Schulter. Sehnsüchtig blickt er quer übers Rasengeviert. Er heißt, seit wir ihn kennen: Luis. Den Namen dankt er einem liebenswerten alten Mallorquiner.

Sie kam ein Jahr später zu uns, zu ihm. Luischen trägt ihre Rosen sichtbar offen im Korb und den Namen in dankbarer Erinnerung an eine herzensgute Großmutter. Der schöne Rosenstrauch 'Ghislaine de Féligonde' legt sich manchmal wie ein blühender Umhang um sie herum. Erwartungsfroh blickt sie übers Grün zu ihrem Verehrer hinüber.

Es waren einmal zwei Rosenkinder, die hatten einander so lieb. Doch weil sie aus britischem Silbersand gegossen waren, blieben sie dazu bestimmt, auf fest verwurzelten Füßen zu verharren. Aber mir scheint, dass sie manchmal, nachts, beim vollen Schein des silbernen Mondes, heimlich zum Tête-à-Tête schlüpfen. Danach entdecke ich, wenn mich nicht alles täuscht, zierliche Fußspuren im frühen Morgentau.

## 36  Witzenhäuser Süßkirsche für Amseln und Stare

Sichtbar wird das friedfertige Zusammenleben mit unseren gefiederten Freunden in jedem Sommer. Spätestens, wenn die Süßkirschen reif sind. Selbstverständlich haben wir nicht irgendeinen beliebigen Kirschbaum in unserem Garten. Bei mir sollte es schon originell zugehen. Als ich die Pflanzung plante, da sollte es meine zweite Witzenhäuser Süßkirsche werden. Mit der ersten bin ich seit Jahrzehnten verheiratet, denn meine Frau stammt auch aus dem Tal zwischen den nordhessischen Kirschenbergen.

Für den kleinen Schrebergarten musste es eine kleinwüchsige Süßkirsche sein, und da kam mir 'GiSelA 5' gerade recht, eine Spezialität aus hessischer Kirschenheimat.

Die erste Überraschung ergab sich bei der ersten Blüte. Viel war da nicht zu sehen. Die zweite Süßkirsche, die der Gärtner zur Befruchtung der ersten benötigt, steht wohl zu weit entfernt, was ich überhaupt nicht bedacht hatte. Die zweite Überraschung war noch größer: Als die wenigen Früchte endlich rot und reif waren, waren sie auch schon weg. Amseln und Stare sind Erntehelfer, aber sie pflücken für die eigenen Mägen.

Der Laubenpieper und seine Frau müssen auch abgeben können. Wir mögen keinen Kampf im Grünen, schon gar nicht mit unseren Gartenvögeln.

# 37 Es ist Herbst
## und nichts wird aufgeräumt

War es nicht schon viel zu spät? Die Gartenfreundin sah mich sorgenvoll an. Sie hatte im Oktober immer noch nicht ihre Rosen heruntergeschnitten. Ich konnte sie gleich beglückwünschen. Der Förster fegt auch nicht im Herbst seinen Wald blank. Sie hatte die Rosen geschont und Zeit gewonnen. Im Frühjahr – aber das sagte ich wohl schon – ist die richtige Zeit für den Rosenschnitt. Wenn die Forsythien blühen.

Für manchen Traditionalisten gleicht das Warten bis zum Frühjahrsrosenschnitt einer mittleren Revolution. So wie auf den Außenwegen in unserer Kolonie. Die mussten früher regelmäßig grünfrei gemacht werden, hübsch ordentlich sollte es aussehen. Inzwischen haben wir grüne Gartenwege, ein grüner Teppich für den weichen Spaziergängertritt.

Laub lasse ich im Herbst auf meinen Beeten, unter Sträuchern und Bäumen liegen. Nur vom Rasen harke ich es ab. Laub ist im Winter Unterschlupf für allerlei Kleingetier, die Vögel danken es mir. Laub kann später an Ort und Stelle verrotten, sich umwandeln zu Humus und meinen Sandboden bereichern. Meine Regenwürmer sind auch begeistert über alles, was ich ihnen überlasse.

Nur kranke Pflanzen entferne ich aus meinem Garten. Da hört die Gelassenheit auf. Von Pilzen befallenes Holz fasse ich mit spitzen Fingern an, packe es in den Kofferraum und schaffe es zum städtischen Wertstoffhof. Damit muss ich aber nicht bis zum Herbst warten, das erledige ich immer rasch – mit pedantischer Aufräumwut hat das nichts zu tun.

## 38 Die Welke hat einen Namen: Verticillium

Als ich nach einer Reise in meinen Kleingarten trat, sah ich mit Schrecken – welke Triebe, die auf einmal von der Spitze her trocken werden bis hin zum grünen Holz. Mehrere Rosensträucher waren so befallen. Als ich diese merkwürdige Erscheinung einem kundigen Pinneberger Rosenkenner vortrug, wusste der einen Namen für das Ärgernis: *Verticillium*. So heißt der Übeltäter, er steckt im Boden, dringt über die Wurzeln ins Innere von Gehölzen ein, verstopft die Nährstoffbahnen und lässt sie welken. Die einen mehr, die anderen gar nicht – das ist das Tröstliche. So ist im Garten der neuen Nachbarin die immergrüne Eibenhecke nicht in Gefahr.

*Verticillium* – den Namen zu wissen, macht mich schon viel gelassener. Aber wenn ich nach einem Gegenmittel fahnde: Fehlanzeige! Bei der *Verticillium*-Welke hilft nur gründlicher Rückschnitt bis ins gesunde Holz. Oder Totalamputation, Bodenaustausch und Neupflanzung. Und alles Geschnittene entsorge ich als grünen Sondermüll. Je schneller, desto besser.

## 39 Unkraut wuchert nach eigenen Gesetzen

Wir sorgen uns manchmal unnötig. Da hilft der Spruch: Sorge dich nicht, gärtnere! Kraut, Unkraut, Beikraut, Wildkraut – sie alle unterscheiden nicht, welchen Garten sie erobern wollen. Sie erobern. Bekanntes sichte ich in so manchem Garten: Franzosenkraut, Ackerwinde, Schachtelhalm. Unbezwingbares allenthalben: Giersch, Löwenzahn, Brennnesseln, Efeu.

Im Kleingarten gelten Bundeskleingartengesetz, Vereinssatzung und Gartenordnung. Last und Zwang der Satzung lassen sich ertragen. Das Meiste ist so geregelt, wie vernünftige Menschen ohnehin handeln. Die eigene Freiheit hat ihre Grenze bei der Freiheit des Nächsten. Die Existenz von Unkraut ist bei uns nicht in Paragrafen erfasst. Wer sich daran stört, dass es keine Zäune, keine Grenzen respektiert, der schimpfe nicht aufs Kraut, das weiß es nun mal nicht besser. Der spreche mit dem Nachbarn oder zeige Geduld.

# 40  Freunde fehlen nie in der Gartenkolonie

Mutig und optimistisch trotzen wir positiv gestrickten Laubenpieper dem schwer beladenen Pessimismus von missgelaunten Mitmenschen. Ein alter Gartenfreund hat mich neulich daran erinnert, draußen auf dem Hauptweg.

Ich hörte ihn bei einer Plauderei mit einer notorischen Pessimistin: Alles wird schlecht. Die Pflanzen könnten Pflegefälle werden. Sie kenne jemanden, bei dem seien alle Rosen krank. Und ihre Tomaten faulten auch in diesem Jahr – wieder keine Ernte! Der Birnengitterrost habe erneut böse zugeschlagen. Kartoffelkäfer hätten die Blätter abgefressen, Nacktschnecken den Salat. Und es habe nicht genug geregnet. Danach habe es zu viel geregnet. Der Rasen wuchere und müsse zwei Mal die Woche gemäht werden. Das Unkraut nehme überhand, vor allem der Giersch. Wühlmäuse knabberten alle Wurzeln ab. Es sei eine Qual, nichts werde gut. Sie wisse nicht, warum sie sich das seit Jahrzehnten antue.

Wohltuend dann der Optimist: Ihm mache es immer noch Spaß, überwiegend. Gewiss, manchmal weniger, das gehöre nun mal dazu. Aber es werde schon. Er schaffe alles, was er sich vorgenommen habe. Und nichts gehe über die Erholung, hier in seinem Gartenparadies. Er könne sich gar nicht vorstellen, dass er seinen Garten einmal aufgeben sollte. So kann man sich das fürs Alter nur wünschen.

Aus dem Gästebuch
in der Gartenlaube

„Und für
die Vögel
ist es auch
ein wertvoller
Lebensraum."

# Ein früher Vogel fängt den Wurm

# 41 Sieben Meisen mit Familienanschluss

Wurden sie nicht täglich größer? Und war das ein Gepiepe! Kleine Schnäbel wurden aus dem Einflugloch gereckt, jeder wollte der Erste sein, der frühstücken konnte. An einem ganz frühen Morgen habe ich zugesehen, wie fleißig die Meiseneltern ihre Jungen im Nistkasten fütterten, unermüdlich unterwegs – allein dieses kleine Erlebnis schafft einen Vorrat an Freude für den ganzen Tag.

Ein paar Wochen später dann: Welch ein Geflatter und Gezwitscher! Fünf übermütige Junge. Jeder der Kleinen bekam von uns einen Namen. Die ganze Familie fasste schnell Zutrauen zu uns. Ich will nicht verschweigen, dass Krümel und kleine Bröckchen von süßem Rosinenbrot eine entscheidende

Rolle dabei spielten. Schließlich flogen die Meisen auf die ausgestreckte Hand und holten sich den Happen, mit dem sie sofort ins nahe, sichere Gebüsch abschwirrten. Dort setzten sie sich auf einen Zweig, legten die Beute ab, packten sie fest mit den Krallen und pickten lange an ihrem Leckerbissen herum.

Die Vögel bemerkten uns schon, wenn wir nur durch die Pforte traten. Wir hörten sie rufen, es klang so wie: „Da kommen sie wieder!" – Und: „Achtung, es gibt süße Semmeln." Im Nu versammelten sie sich, die ganze Familie, und flatterten um uns herum. Wenn wir zu lange trödelten bis zur Verteilung der Krumen, dann flogen sie auch schon mal im steilen Sturzflug ganz dicht über unseren Kopf hinweg und forderten ihre Zwischenmahlzeit ein.

Vögel im Garten – so viele Pluspunkte! Ich habe für sie und für uns, selbstverständlich, reichlich Rosensträucher in den Garten gepflanzt, als Schutzgehölze, zur Abwehr gegen räuberische Elstern und andere Jäger. Keine Chance also für Kater und Katze!

## 42  Eine Kaninchenmutter und ein Missverständnis

Wollten wir im Beet eine neue Rose pflanzen? Ich glaube, das muss der Grund für meine Spatenstiche gewesen sein. Als ich 30 Zentimeter ausgehoben hatte, öffnete sich seitlich ein Loch. Ich machte die Wasserprobe mit der Gießkanne und sprang überrascht auf: Sieben oder acht kleine nasse Kugeln krabbelten hervor und wieselten flink unter die nächsten Büsche. Mäuse, Wühlmäuse, Erdkröten? Nichts dergleichen. Es waren nackte Kaninchenkinder, die vor dem überraschenden Hochwasser flohen. Ich hatte, ohne es zu ahnen, ihr Geburtsnest getroffen.

Bis auf eines waren die Kleinstkarnickel in Windeseile verschwunden. Das eine versteckte sich zitternd unter dem Schneespierstrauch. Wir beratschlagten und beschlossen gleich, der Natur ihren Lauf zu lassen. Nicht anfassen, in Ruhe lassen – alles wird gut. Die Mutter würde alle Kleinen suchen, finden und an einen sicheren Ort schleppen. Wir müssten nur abwarten und gar nichts tun.

Doch dann besuchte uns kurz darauf eine lebhaft-liebe Junggärtnerin. Sie entdeckte das Neugeborene und barg es – ehe ich einschreiten konnte – mütterlich unterm Pullover, ganz Retterin des verlassen geglaubten Findelkinds. Zu Haus, in der Großstadt-Etagenwohnung, muss es eine mittlere familiäre Katastrophe gegeben haben. Tränenreich wurde das Kaninchenbaby noch am selben Abend in eine Tierklinik gebracht. Dort wurde dem Mädchen versprochen: Hier ist es gut aufgehoben.

Derweil suchte die verzweifelte Kaninchenmutter das fehlende Kind. Ohne Zweifel wusste sie genau, wie groß ihr Wurf war. Sie hatte die anderen gefunden, abgezählt und eines vermisst. Das musste sie, um jeden Preis, auch noch bergen. Ich verscheuchte das große Kaninchen, es sprang aus dem Stand mit einem Satz übern Drahtzaun zu den Nachbarn hinüber, wartete ein wenig, bis ich mich zurückzog, und kehrte todesmutig und wild entschlossen zum Loch zurück, wo doch das Kleine zurückgeblieben sein musste. Falls jemand in diesen Momenten über einen Spionagesatelliten aus dem Weltall genau in unseren Kleingarten geblickt haben sollte, wird er sich über meinen komischen Tanz amüsiert haben. Selbst den großen Stein, den ich übers leere Loch legte, schob die Kaninchenmutter beiseite, verzweifelt, vergeblich.

Es hat Tage gedauert, bis sich das Muttertier mit dem Verlust abfand. Derweil war das entführte Kaninchenkind in der Tierklinik. Oder im Kaninchenhimmel.

## 43 Sonnenfinsternis: Auch die Vögel sind erschrocken

**Wir** haben uns nicht gefürchtet. Aber etwas unheimlich war es doch. Es war der 11. August 1999, 12:37 Uhr. Wir hatten eine Totale Sonnenfinsternis.

Mein Gartentagebuch erinnert mich an Details. Unser Thermometer zeigte vorher 20°C und rutschte in wenigen Minuten auf 17°C. Wir hatten es zuvor sonnig bis wolkig, doch dann überfiel uns eine Dämmerung wie abends um halb neun. Am auffälligsten aber war, was um uns herum geschah. Auch die Vögel waren erschrocken und schwiegen, mucksmäuschenstill. So haben wir unseren Garten noch nie erlebt. Nach zehn atemlos verbrachten Minuten war die wundersame Verwandlung unserer Erde vorüber. Das Bild wurde wieder vertraut. Unsere gefiederten Freunde fanden zu ihren gewohnten Melodien zurück. Und wir Laubenpieper wussten: Vor dem 3. September des Jahres 2081 können wir hierzulande dieses grandiose Schauspiel nicht wieder erleben.

## 44 Der kleine Sänger und das Handy

**Nicht** zu glauben, was solch ein Amselmännchen alles kann! Da sitze ich draußen in unserer Rosenlaube und lasse mich einhüllen vom intensiven Duft der 'Westerland'.

Plötzlich klingelt mein Mobiltelefon, das hierzulande Handy genannt wird. Ich gehe zum Häuschen, das Telefon ist ausgeschaltet, aber aus dem Zwetschgenbaum ertönt fröhlich die gewohnte Melodie. Mit kleinen Pausen zwischendrin. Schottische Vogelkundler haben herausgefunden und veröffentlicht, dass Amseln Telefonmelodien lernen und imitieren können. Mein Amselmännchen kann das nur bestätigen. Sobald es mich das nächste Mal anruft, werde ich ihm von einer alten Spruchweisheit aus China erzählen: „Wenn ich einen grünen Zweig im Herzen trage, wird sich ein Singvogel darauf niederlassen."

## 45  Gärtners Klage: Maulwurfshügel! Wühlmausfraß!!

Länger habe ich mich in meinem Kleingartenleben wohl kaum mit einem Thema beschäftigen müssen als mit Wühlmäusen (von den Rosen einmal abgesehen).

Dagegen waren Maulwürfe viel seltener mein Problem. Sie haben uns nur manchmal untergraben und Erde ans Tageslicht geschaufelt – krümelige Anzuchterde.

Ich habe es von Anfang an gespürt: Bei uns sind mehr die Wühlmäuse am Werk. Ein Holunderstrauch war mickrig geworden; ich habe ihn angefasst und mühelos herausgezogen. Wurzeln waren nicht mehr zu erkennen; Wühlmauszähne hatten ganze Arbeit geleistet. Sie sind der Schrecken jeden Laubenpiepers. Anders als die gesetzlich geschützten Maulwürfe, die nur vom Grundstück vergrämt werden dürfen, kann man Wühlmäuse bejagen. Mancher legt Fallen aus, fängt sie ein und bringt sie zum Deister, dem nicht so weit entfernten Kleinhöhenzug. Oder einfach um die nächste Ecke.

Lang ist die Liste der publizierten Gegenmaß-nahmen: Königskerzen pflanzen, Solarpieper in die Erde stecken, Men-schenhaare – aber unge-waschen – in die Gänge stopfen, Feuerwerkskör-per abbrennen. Um un-sere Königskerzen her-um haben Wühlmäuse die schönsten Gänge an-gelegt, dicht an der Ober-fläche und gut zu erkennen. Solarpieper haben ein paar Jahre gepiept, von der Sonne angetrieben, und wahrscheinlich ha-ben sich die Wühlmäuse da unten kugelig gelacht. Meine Haare habe ich beim Friseur gelassen. Feuerwerkskörper sind ausschließlich etwas für Silvester.

Eine Methode scheint mir noch vielversprechend. Beim Pflanzen von Rosen in der Braunschweiger Kleingartenkolo-nie Eichtal haben wir sie ausprobiert. Der Vorsitzende hatte aus engem Maschendraht Pflanzkörbe gebastelt, in die haben wir die wurzelnackten Rosen gesetzt. Wenigstens so lange, bis ihre Wurzeln durch die Maschen nach unten gewachsen sind, kommen die Zähne der Wühlmäuse nicht an sie heran. Das klingt nach einer Chance zu ungestörtem Wachstum in den wichtigen ersten Jahren.

# 46 Der Totholzhaufen lockt die Igel – hoffentlich

Warten Sie darauf, dass ein Igel Sie besucht, dann können Sie lange warten. Wenn er eines Tages doch bei Ihnen ist, dann sicher unangemeldet, nach einer Schrecksekunde entdeckt und identifiziert. Wer rumorte da, lebhaft schnaufend, zwischen Stauden herum? Ein ausgewachsener Igel war es, gut genährt und tatendurstig, ganz ungeniert auf der Suche nach Schnecken und anderem Getier. Ein mehrfach willkommener Eindringling und possierlich anzusehen, wie er hurtig dahinwuselte und nur innehielt, wenn ihm Geziefer unter die Zähne geriet. Leider blieb das in unserem Garten bisher ein einmaliges Gastspiel, zumindest soweit meine Frau und ich es beobachten konnten.

Dabei habe ich eigens in der Ecke unterm alten Birnbaum, hin zum Zaun, einen Totholzhaufen aufgeschichtet, ein freundliches Angebot zum Unterschlüpfen und Sich-hier-zu Hause-fühlen. Allein stellte sich mir die Frage: Kommen Igel unter dem Zaun durch oder kletternd über ihn hinweg? Ich bin auf Nummer sicher gegangen und habe jemanden gefragt, der es wissen muss. Die Pro-Igel-Vorsitzende unterwies mich: Igel könnten wohl kleine Hindernisse kletternd überwinden, aber gewiss keinen hohen Zaun. Die Lebensräume der Igel seien sehr groß, bis zu 100 Hektar bei Männchen. Igel hätten meist mehrere Nester. Also genüge niemals ein einziger Garten, aber wenn der igelfreundlich gestaltet sei, werde sich dort gern ein Igel einnisten. An uns soll es nicht liegen. Unser Garten ist igelfreundlich eingerichtet.

Schlagfallen und Giftköder sind bei uns ausgeschlossen. Keine Aufräumwut zerstört in diesem Garten die Nistmöglichkeiten eines Igelpärchens. Der Totholzhaufen lässt sich noch vergrößern. Ich garantiere den Verzicht auf jegliche Chemie im Garten! Autos fahren hier auch nicht lang. Igel, ihr könnt kommen.

## 47 Das diskrete Nest der Sächsischen Wespen

**Wir** haben etwas gegen aufsässige Wespen. Insbesondere, weil die Gartenfrau an meiner Seite im Sommer immer Erste-Hilfe-Medikamente mit sich herumtragen muss, für den Fall des Wespenstichs. Seit die Allergie auf diese Stiche aktenkundig ist, sind Vorsicht und Vorsorge lebensnotwendig geboten, damit im Ernstfall nicht Schreckliches geschieht. Vor allem die Gemeine Wespe kann eine gemeine Wespe werden.
Im Radio hörten wir einmal einen Expertentipp zum Umgang mit Wespen. Man solle ein Glas mit Honigwasser in einer Gartenecke aufstellen, das locke die lästigen Störenfriede vom Sitzplatz und vom Nachmittagskuchen weg. Das wird hilfreich, haben wir uns gedacht, und sind dem Rat gefolgt. Das Ergebnis war unsäglich: Aus der ganzen Kolonie wurden sämtliche Wespen herbeigerufen, versammelten sich

am Honigwasserglas, alle schwirrten wie wild herum, bis hin zu unserem Sitzplatz mit dem Nachmittagskuchen. Ein anderes Wespenabenteuer war von der harmlosen Art. Ich schnitt einige trockene Ramblerrosentriebe aus dem Apfelbaum, und da schwirrten plötzlich bei jedem Handgriff Wespen um meinen Kopf herum. Ich entdeckte ihr Nest erst bei näherem Hinsehen, genauer dann zoomend im Sucher der Kamera. Es war grau, groß wie eine Melone. Es war kunstvoll zusammengeklebt mit Hunderten von Waben, hatte ein Ausgangsloch ganz unten, und da kamen sie heraus, die Arbeitswespen, und stiegen senkrecht in die Höhe.

Dies war, versicherte mir mein Wespenkundler, die harmlosere Sächsische, und nicht die aggressivere Gemeine.

Gern hätte ich zum Winter hin, nach dem natürlichen Ende meines Wespenvolkes, das Nest aufgeschnitten und untersucht, doch nach Sturm und Starkregen lagen nur noch Reste unterm Apfelbaum. Da schlummerte wohl schon irgendwo eine begattete Jungkönigin unter Rinden oder Moos und wartete in Winterstarre aufs nächste Jahr. Ihre neue Staatsgründung in einem frischen Nest findet vielleicht wieder bei mir im stachelbewehrten Apfelbaum statt.

# 48 Der Fortschritt ist eine Weinbergschnecke

Stellten wir die viel gepriesenen Bierfallen im Garten auf, hätten wir weniger Erfolg in der Nacktschneckenabwehr. Wir haben eine altmodische und damit fortschrittlichere Methode entdeckt.

In einem viel gelesenen Tagebuch von Günter Grass ist eine Schnecke der Fortschritt. In meinem Schrebergarten sind es Weinbergschnecken. Zu mir sind sie aus der Südheide eingewandert und seither eine hilfreiche Hygienepolizei.

Ich betrachte sie als eine Geheimwaffe gegen die ekligen Nacktschnecken. Sie sollen angeblich die Eier der braunen Kriecher vertilgen. Falls sie es tun, will ich sie loben. Außerdem sind sie possierlich anzusehen, wenn sie über den Weg fortschreiten, mit der Höchstgeschwindigkeit von vier bis fünf Zentimetern in der Minute.

Dr. Hermann Ries in Westerstede hat im Ammerländer Kalender 1958 darauf hingewiesen, dass die Weinbergschnecke auch einen Sommerschlaf kennt: Halte die sommerliche Hitze zu lange an, dann ziehe sie sich einfach in ihr Gehäuse zurück und sondere an den Schalenöffnungen ein schleimiges Sekret ab, das nach dem Verdunsten seines Wassergehalts ein hartes Häutchen bilde. So gegen Verdunstung geschützt, verfalle sie in einen Sommerschlaf, während dessen alle Körpertätigkeiten, wie beim Winterschlaf, stark herabgesetzt seien. Erst wenn feuchtere Tage kommen, werde sie wieder munter, öffne ihr Haus und gehe auf Nahrungssuche aus.

So machen sie das auch bei uns im Garten. Sollten sie bei mir ausbleiben, muss ich Nachschub holen, kriechende Entwicklungshilfe aus der Südheide.

## 49  *Wenn nachts die Kröten flöten*

Alle Ameisen sind schon da, so könnte das berühmte Frühlingslied über Amsel, Drossel, Fink und Star auch anfangen, auf meinen Garten würde das wohl passen. Auch bummeln an wolkenfreien Abenden Hummeln in Richtung Apfelbaum. Weiter unten krauchen, springen, hüpfen unsere Erdkröten, wenn sie sich nicht tot stellen und graubraungrün wie ein welkes Blatt am Boden harren, bis die Gefahr vorüber ist. Sie wohnen seit Jahren bei uns, am liebsten in der Kompost-Regenwurm-Wanderkiste, wo sie sich an Regenwürmern laben. Das waren meine „Tennessee Wiggler", die stark zehrenden Spezialisten unter den Kompostwürmern. Ihnen muss ich hier einen kleinen Nachruf widmen. Sie waren auf Dauer schwächer als die Kröten.

Meine Kröten gehen nachts auf Schneckenjagd, sehr erfolgreich. Bei Heinrich Böll habe ich einmal gelesen, wie Frauen am Fluss abends das Flöten der Kröten hören. Bei uns flöten sie nicht, ich höre sie höchstens durch die Bodendecker hüpfen, aber sie schnappen, nicht nur nachtaktiv, fleißig und nützlich allerlei Tierchen weg.

## 50  Ein früher Vogel fängt den Wurm

**Bedenken** habe ich nur in taubengrauen Ausnahmefällen gegen meine Gartenvögel. Wir haben unsere Stammbewohner, die Blaumeisen und auch Kohlmeisen. Dann die altvertrauten Amseln. Übertönt werden sie oft von Tauben, die sich zu uns verirren und hier randalieren. Sie schädigen keine Pflanzen, sie fressen keine Zwetschgen. Sie irritieren nur mit Flügelschlag und Geräuschmonotonie das Harmoniebedürfnis friedlicher Laubenpieper. Singvögel singen, Tauben gurren. Tauben sind Gurrvögel. Sie grüßen am Morgen, begleiten unsere Mittagsruhe im Garten, und am Nachmittag fällt ihnen auch nichts anderes ein als ihr immerhin friedfertiges Gurrgurrgurr.

Angriffslustiger sind da die Elstern, die von den hohen Bäumen am nahen Maschsee zu uns herüberfliegen, zu zweit oder gar in offener Fünferformation, bei der gemeinsamen Jagd nach leichter Beute. Nachtigallen, die kleinen Sänger mit den wunderbaren Stimmen, machen sich seit Jahren rar. An mangelnder Nahrung im Sommer kann es nicht liegen, Beeren finden sich in den Gärten unserer Kolonie in Hülle und Fülle. Aber vielleicht suchen die Weibchen sich zum Nestbau direkt am Boden, am Buschrand, am Wegesrand ruhigere Plätze, als wir sie in unseren Gärtchen bieten können? Gern würde ich ihren betörenden Nachtgesang oder eine schöne Frühmorgenmelodie einmal bei uns erleben und an die jungen Jahre erinnert werden, in denen Nachtigallen zum Frühling gehörten wie die erste große Liebe.

Ein Klopfen und Pochen war neulich zu hören. Ich habe genau hingesehen und so hat es sich dann aufgelöst: Ein Buntspecht holte Würmer aus einer morschen Stelle im alten Zwetschgenbaum. Spätere Späher waren zwei Eichelhäher, sie suchten wohl den Garten ab nach Nestern, in denen Eier zu finden sein könnten. Sie waren auch als Baumeister unterwegs. Für ihr Reisignest zwackten sie trockene Zweiglein von der Forsythie und trugen sie gebündelt im Schnabel davon.

Unsere fleißigen Vögel machen es uns Kleingärtnern vor. Sie schaffen bis zum Einbruch der Dunkelheit. Und morgens, wenn ich früh als einer der ersten Menschen in unserer Kolonie durch die Pforte trete, sind sie schon lange bei ihrem Tagwerk.

Aus dem Gästebuch
in der Gartenlaube

„Ein wunderschönes
Fleckchen Erde –
so stellt man sich
das Paradies vor."

## Nur nach oben ist viel Raum

# 51 Wenn die Hortensie klettern will

Zurück zum ersten Jahr unseres Laubenpieper-Daseins. Da war Expertenrat für den Gartenneuling gefragt: Was passt eigentlich gut an die Nordostecke unseres Häuschens? Was sieht gut aus an einer Stelle, an der jeden Tag viele Spaziergänger vorübergehen? Eine Kletter-Hortensie, das war der heiße Tipp vom Senior der hannoverschen Kleingärtnerfachberater Ernst Brunschön. Gesagt, realisiert. Seither füllt unsere Kletter-Hortensie wesentliche Teile von zwei Laubenwänden. Sie deckt die Regentonne. Sie reicht über die Dachrinne empor und legt sich gemütlich aufs Laubendach. Sie blüht üppig weiß über mehrere Wochen. Selbst abgeblüht sehen die fülligen Dolden dekorativ aus.

Botanisch gehört diese selbstkletternde, verholzende Pflanze zu den *Hydrangeaceae*: Im Wort steckt schon der hohe Wasserbedarf dieser Gattung. Deshalb habe ich gleich daneben den Überlauf vom Fallrohr platziert. Wenn die Tonne voll ist, fließt das Regenwasser in ein offenes Fass, und von dort läuft es direkt an den Fuß, zu den Wurzeln meiner durstigen Kletter-Hortensie.

Sie haftet an der Wand, braucht keine Stütze, Saugnäpfe wachsen wandseitig aus den Trieben. Gern möchte sie gelegentlich auch die Tür zu meinem Geräteraum überwachsen – da ist aber meine scharfe Schere davor. Leicht legt sie sich auch mit den unteren Trieben auf das Ende des Weges. So habe ich sie einmal im weiten Vorgarten einer weltberühmten ammerschen Baumschule gesehen, eine Kletter-Hortensie als flächiggespreizter Bodendecker. Ja, wenn man Platz hätte!

# 52 Alles, was den Boden deckt

Gingen alle Wünsche des Gartenfreundes in Erfüllung, brauchte er nicht mehr erfinderisch zu sein. Weil unser Garten so klein bleibt, wie er nun mal ist, und weil nur noch oben der Raum unbegrenzt erscheint, kommt es besonders darauf an, womit ich meinen Boden bedecke. Bei mir im Kleingarten ist im Laufe der Zeit viel Sehenswertes zusammengekommen:

Die gelben Frühlingskünder heißen Winterlinge.

Von meiner Erdbeerwiese 'Florika' kann ich Ende Juni die ersten Früchte pflücken und frisch in den Mund stecken, sie wachsen über den Blättern und sind dadurch selten sandig.

Vogelmiere ist, wenn auch lästig, ein positives Anzeigerkraut: Hier ist lebendiger Gartenboden.

Lungenkraut gehört zur Familie der Boretschgewächse. Es zeigt weiße Flecken auf den marmorierten Blättern und leuchtend rote oder blau-rote Blüten.

Weiß blühender Waldmeister überzieht das Unterholz.

Hosta, auch Funkien genannt, überzeugen durch ihre Variationen in Grün.

Fette Henne überlebt auch magere Jahre.

Farne gehören seit Urzeiten zur Flora in unseren Breiten. In Wäldern erfreuen sie den Wanderer, in Parkanlagen stehen sie im schattigen und feuchten Grund, bei uns verdecken sie

Maschendrahtzaun und vermehren sich durch Sporen, Ausläufer oder Rhizome, das muss ich einmal genauer untersuchen.

Winde, weiß blühend, verwirrend, wächst von unten hoch, wo sie will. Da ist eben viel Raum in Richtung Sonne.

## 53  Mit der Schere zu den Schafen?

Auf meine Schafschere lasse ich nichts kommen. Sie ist mir ein nützlicher Gartenhelfer geworden. Auch wenn bei mir keine Schafe herumlaufen, die geschoren werden müssten. Ich pflege meine Buchsbaumhecken gern mit diesem Schneideinstrument.

Auf einer Freizeitmesse wurde mir das teure Stück gezeigt und angeboten. Ich sollte sie mal am Buchsbaum ausprobieren. Das habe ich gemacht, mit dauerhaftem Erfolg. Wo ich mit der Schere schneide, verzweigt sich *Buxus* neu. Die Pflan-

zen werden auf diese Weise nicht höher, was nicht sein soll, und nicht breiter, was nicht sein darf, aber immer dichter, was erwünscht ist.

Ein nützlicher Nebeneffekt: Mit jedem Schnipp schärft sich die Schafschere selbst, also darf sie eigentlich nie stumpf werden. Bisher hat sie mich nicht im Stich gelassen. Einen Tropfen Öl vor dem Winter scheint sie zu mögen.

## 54 Durchblicke: Dies hier ist öffentliches Grün

Die Hainbuchenhecke war gerade frisch geschnitten, gleichmäßig, und auch die Sträucher hatten ihre Fenster: Eins ganz rechts an der Weigelie, mit Durchblick auf die Rosenlaube. Eins in der Mitte: Da sieht man am Pfaffenhütchen vorbei bis zum Rosenobelisken. Dann zwischen Flieder und Forsythien: Eine gute Sicht auf die Kletterrose 'Sommerabend', die eigentlich ein Bodendecker sein sollte. Und über der Pforte natürlich, da schaut man bis weit hinten zur 'Bobbie James'-Wand. Links neben der Laube ist noch einmal ein tiefer Einblick möglich, zwischen der Kletter-Hortensie und den Forsythiensträuchern bis hinten zum steinernen Rosenmädchen Luischen. Dies alles entspricht den allgemeinen Anforderungen an eine Kleingartenkolonie: Hier ist öffentliches Grün, hier kann jeder entlangspazieren und in die Gärten schauen.

Dabei brauchen wir hier Ansässigen natürlich unseren Sichtschutz fürs diskrete Laubenpieperleben. Wir nehmen uns den Anspruch auf Privates. Wir wollen auch unbeobachtet ein Nickerchen machen dürfen.

## 55 Rammler? Rempler? Nein: Rambler!

„Suche Rammler für den Garten meiner Frau! Oder heißt die Kletterrose für den alten Obstbaum etwa Rempler?" Das fragte mich am Telefon der Präsident der Ruderer, den ich schon lange kannte, und ich gab ihm schnell Bescheid: Weder noch. Kaninchenböcke kommen schon von allein durch oder über den Zaun, und Kletterrosen rempeln nie. Was er der Gattin kaufen wollte, waren weichtriebige Kletterrosen, Rambler eben.

Rambler sind in der Tat für alte Obstbäume bestens geeignet. Während sie nach unten wurzeln, überwinden sie, mit Stützhilfe, schnell den Weg zu den unteren Zweigen. Sie erobern, weil sie zur Sonne emporstreben, jeglichen Raum im Baum. Schon vom dritten Jahr an bilden sie in jedem Sommer meterlange neue Triebe, biegsam, weich, umherschweifend. So weit meine Arme reichen, halte ich sie mit der Schere in Schach.

Rambler bieten völlig neue Gestaltungsmöglichkeiten. Die *Rosa filipes* 'Kiftsgate' ist dafür ein gutes Beispiel. Der Hobbygärtner muss sich nur trauen. Rosen können das Denken öffnen. Rambler können neue Erlebnisse schaffen.

## 56  Rekordernte: 24 Äpfel, rot und süß

An diese Apfelernte werde ich noch lange denken. Es ist seit vielen Jahren zum ersten Mal eine wirkliche Rekordernte geworden, im Herbst 2007: 24 Früchte pflückte ich vom Baum. Die Sorte heißt 'Ingrid Marie'.

Als wir damals den Garten übernahmen, trug der Apfelbaum keine Früchte mehr. Eigentlich hätte ich ihn umhacken sollen. Damit hätte ich eine Fläche für den Anbau von Kohl oder von Kartoffeln freilegen können. Ich habe mich aber entschieden, den Baum stehen zu lassen und ihn zweckzuentfremden, als Klettergerüst für eine Ramblerrose.

Seither wuchert *Rosa filipes* 'Kiftsgate' mit 'Ingrid Marie' um die Wette. Die Rose ist kräftiger. Der Apfelbaum wurde dadurch reanimiert, zu neuer Leistungsfähigkeit erweckt. Das wollte er sich wohl nicht nehmen lassen. Die Konkurrenz des Ramblers hat ihm gutgetan. Er trug wieder, wenig, aber immerhin.

Im Winter entferne ich die Fruchtmumien, die noch in den Zweigen hängen, eine reine Hygienemaßnahme. Wenn kein Laub am Baum ist, lassen sie sich gut erkennen, die verschrumpelten und pilzigen Reste verkümmerter Äpfelchen. Mit der langen Stange stakele ich dann quer durchs Gewirr der Rosenstacheln. Klopfen, schlagen, drücken, ziehen, klat-

schen – die Fruchtmumien müssen herunter, ich will keine
Ansteckungsherde für den nächsten Sommer belassen. Das
steigert die Chancen auf gute Ernte.

## 57 Mit allen sieben Sinnen

Einem Laubenpieper schenkt der Garten ein Privileg. Er
darf Schönes schöpfen, wann immer ihm danach zumute ist.
Ich möchte, nebenbei, auch ein wenig nach Höherem streben,
geistig und seelisch etwas wachsen. Ich kann mit allen Sinnen
genießen, mit allen sieben Sinnen.

Ich sehe, was nur ich sehen kann, den Erfolg meines uner-
schöpften Tuns.

Ich höre, wie der Wind mit dem Blattwerk über mir spielt,
während ich in der Rosenlaube sitze.

Ich rieche den intensiven Duft meiner Lavendelblätter.

Ich fühle das stachelbewehrte Holz von 'Hannovers Weißer'
und die eigenen Muskeln bei der Arbeit.

Ich schmecke die herbe Süße einer blauen Traube.

Ich setze auf den sechsten Sinn, der mich einmal rechtzeitig
eine Gefahrensituation erahnen lassen soll – halt, die Leiter
steht wacklig!

Und ich hoffe auf den siebten Sinn, dessen Existenz von vielen Menschen verneint wird, den es aber vielleicht wirklich gibt, sozusagen ein Gipfel der Empfindungsstärke aller Sinne, ein Zustand besonderer Klarheit, den ich kaum erarbeiten, sondern nur geschenkt bekommen kann.

## 58  Schöne Grüße vom Himmel

Klaren Sommerabenden verdanken wir liebe Grüße aus der Luft. Von oben winken sie uns zu, die Ballonfahrer, die Luftschiffer im Zeppelin, die Rundfluggäste des historischen Flugzeugs Junkers Ju 52, liebevoll genannt Tante Ju. Auch Motorsegler. Hubschrauberpiloten sehen auf uns herab, aber die winken nicht, die sind in Eile auf dem Weg zur Schnellwegunfallstelle oder zurück zur Notaufnahme in der Klinik. Die Ballonfahrer sind uns am nächsten, bevor sie nebenan auf der großen Wiese starten. Wir hören sie, ehe wir sie sehen, das Gebläse für die heiße Luft zischelt zu uns herüber, dann steigen Stoffmassen empor und runden sich, bis wir die Werbelogos der Sponsoren deutlich sehen können. Wenn sie dann losfahren, dann können wir noch jeden einzelnen an Bord ausmachen, so klar und deutlich, wie sie uns Laubenpieper zwischen unseren Rosen betrachten dürfen.
Sie sind meistens bei schönem Wetter unterwegs, blauer Himmel sichert gute Sicht. Wenn sie davonfahren und wir zwischen unseren Hecken sitzen bleiben, dann wünschen wir ihnen, dass sie weit kommen und sicher landen. Nur einmal zog ein Gewitter auf, wir sorgten uns um die Ballonreisenden. Die waren vermutlich längst irgendwo gelandet, als Blitz

und Donner näher kamen, und wir gingen mit den ersten dicken Tropfen in unsere Schutzhütte und blickten bei geschlossenen Fenstern aufs rauschende Naturschauspiel. Hinter dichten Regenfäden schimmerte verhangen unsere mächtige 'Bobbie James' zu uns herüber.

## 59 'Bobbie James' überragt einfach alles

Wintertag, Sommertag, es ist kein Unterschied, sie ist bei uns zu jeder Jahreszeit die weithin sichtbare Größte. Eine Rose überragt einfach alles.

Es ist unser Rambler 'Bobbie James'. Seit er einmal im Sommersturm umgestürzt ist aus fünf Metern Höhe, seit wir ihn liebevoll wieder aufrichten mussten, stehe ich mit ihm auf besonders vertrautem Du und Du.

– Du hast dich prächtig herausgemacht. Wer nicht weiß, dass Rosen Gehölze sind, kann es bei dir studieren. Deine armstarken Stämme mit ihren dicken spitzen Stachelzinken sind furchteinflößend. Rehe, falls sie sich hierher verirrten, was unwahrscheinlich ist, würden dich nicht antasten mögen.

– Eindrucksvoll sind deine jungen Triebe, die du im Sommer gleich nach der Blütenfülle in die Höhe schickst, nach rechts und links und vorn und hinten, lang und beweglich wie Peitschen. Du willst immer noch höher hinaus. Und überragst doch schon alles bei uns und für die Nachbarschaft gleich mit. Deine tausend Hagebutten leuchten uns in den Winter hinein.

– Du, Rose, bist mehr, als wir von dir erwarten konnten: Himmelstürmer, Blütenpracht, Laubenzier und Vogelfutter.

# 60  Nur nach oben ist viel Raum

Sahen wir uns um bei der ersten Besichtigung, dann waren die Grenzzäune und die Begrenzungshecken unseres künftigen Gartens ganz nah. 268 Quadratmeter sind 268 Quadratmeter und nicht mehr. Geradeaus 17 Meter von der Pforte bis zum Grundstücksende, und quer noch etwas weniger, schon beginnt der Nachbarn Gartenreich.

Es ist so, wie es ist. Darauf könnte ich Wetten abschließen: Der Garten wird nicht größer. Nur nach oben ist viel Raum. Deshalb lasse ich es gern in die Höhe wachsen, was anderswo im Parterre genug Platz hat. Aus der Bodendeckerrose wird ein Kletterer. So komme ich ganz gut zurecht.

Nur allzu hoch dürfen meine Gehölze auch nicht wachsen. Gelegentlich greife ich – nein, nicht zur Leiter, sondern zur Teleskopstange mit dem aufgesetzten Astkneifer und dem Zugseil. Damit kappe ich die höchsten Zweige. Sonst nehmen sie uns und anderen und auch unseren Pflanzen zu viel vom Sonnenlicht weg.

Aus dem Gästebuch
in der Gartenlaube

„Ein kleiner
Traumgarten,
romantisch,
sehr schön,
wirklich zum
Träumen."

# Regen bringt Segen

# 61 Dank für unser Dauerthema: Das Wetter

**Wir** Laubenpieper haben ein Dauerthema: das Wetter. Insbesondere: der Regen. Entweder haben wir zu viel davon, über Wochen täglich, vielleicht sogar Starkregen dabei, 50 Liter in einer Stunde, mit Hagelschlag auf die Rabatten. Oder wir bekommen zu wenig Regen ab, er bleibt wochenlang aus, wir sehnen ihn herbei, damit er unsere Pflanzen nähre und unsere Arbeitskraft schone.

Wir Älteren kennen noch das Sprichwort: Sich regen bringt Segen. Das passt durchaus zu uns Kleingärtnern. Wir dürfen aber, weil wir es bei allem Ärger doch wissen müssten, auch dies bekennen: Regen bringt Segen. Was wäre unser Kleinod ohne ihn? Wüst und leer. Wir brauchen ihn für unseren Garten wie das tägliche Brot. Und auch als Dauerthema, wenn

wir uns draußen auf den Gartenwegen begegnen: Wie geht´s? Wie wird das Wetter? Sch......önes Wetter heute! In meiner Jugend warb ein Regenmantel-Hersteller mit dem Slogan: „Alle Wetter – Ninoflex!" Alle Wetter, damit müssen wir Laubenpieper schon zurechtkommen.

## 62  Schnee, die milde Winterdecke

Unseren Garten mag ich auch im Winter gut leiden. So haben wir ihn damals das erste Mal erlebt, als wir ihn am Jahresbeginn besichtigen durften: Ein weißer Wintermantel bedeckte das Grundstück, das kahl dalag und eher unwirtlich. Doch uns kam es gleich sympathisch vor.

Seither freuen wir uns in jedem Jahr, wenn denn schon Winter sein muss, über die milde Schneelast auf unserem Gärtchen – falls es überhaupt noch schneit. Ich weiß dann, dass der weiße Schleier meinem Garten guttut. Er schützt Wurzeln vor dem Erfrieren und Vertrocknen.

Schnee ist zwar den hier gebliebenen Singvögeln ein Hindernis bei der Nahrungssuche, aber das gleichen wir schon nach Kräften aus, mit fettigem Körnerfutter. Auch wenn manches Mal ein Meisenknödel zweckentfremdet in andere Mägen gerät – heute hing er noch komplett am verschneiten Ast, und am nächsten Morgen schon war er spurlos verschwunden, im Stück gestohlen, von Krähe, Elster oder anderem Getier.

Auch im Winter bin ich, so oft es geht, in meinem Schrebergarten. Wenn die Laube beheizbar wäre, bliebe ich öfter länger. Das ist der einzige Mangel am fehlenden elektrischen Strom. So bleibe ich bei Kälte eben draußen vor der Tür und suche nur Schutz, dick eingemummelt, wenn mich ein Schneesturm überrascht. Danach helfen heißer Tee und die Hoffnung, nein: die Zuversicht auf die warme Gartenzeit.

## 63 Dürfen Laubenpieper überhaupt verreisen?

Garten kontra Nordseestrand. Wollten sie nicht schöne Sommerferien haben? Der Familienvater aus EnErrWe blickte stumm auf dem ganzen Sand herum. Über seine Lieben, über die Duhner Wattlandschaft hinweg sah er auf die Nordsee, in den blauen Himmel, auf vorbeifahrende Tanker und Containerschiffe. Dann brach es aus ihm heraus wie ein Platzregen, im schönsten westfälischen Klang: „Wenn ich jetzt in unserem Garten wäre, könnte ich die Tomaten ernten. Stattdessen muss ich hier im Strandkorb sitzen und immer nur aufs Meer kucken."

Damals in Cuxhaven habe ich mich über einen heimwehkranken Laubenpieper amüsiert. Ich fand es irgendwie komisch: Konnte er sich nicht über die Sonne freuen, der Wetterbericht verkündete Regen in der Heimat. Hatte er Sehnsucht nach seinen heimischen Gartenzwergen? Heute weiß ich längst, wie dem Gartenfreund im Urlaub zumute war. Jetzt kann ich nachempfinden, wenn jemand ausruft: Warum musst du denn verreisen, wenn du einen Garten hast!

Denn Urlaub ist eigentlich schon jeder Tag im Garten. Erholung pur in frischer Luft, Bewegung nach Lust und Laune, Wellness am Schattenplatz unter der Rosenlaube. Aber ab und zu ist Luftveränderung angesagt.

Im September ist das Reisen für den Kleingärtner gut möglich. Er kann sein Gärtchen getrost sich selbst überlassen, es wird schon ohne ihn klarkommen. Wespen nähren sich von den noch nicht geernteten Zwetschgen. Die Herbst-Astern dürfen blühen, ich lasse sie auch danach ohnehin bis zum Frühjahr stehen, als Winterunterschlupf für allerlei Getier. Am Apfelbaumfallobst picken die Amseln herum. Die Rosen sind zum letzten Mal gewässert, nun reicht für sie der Segen, der von oben kommt, sie sollen und wollen ohnehin mit ihrem Wachstum abschließen und ihr Holz härten, damit es für sie Winter werden kann.

Der Rasen mag noch weiterwachsen, und wenn ich von der Reise zurückgekehrt sein werde, hat mein freundlicher Gartenhelfer zwischendurch gemäht. Sonst müsste ich wohl die Sense ansetzen, um der Halme Herr zu werden, wie einst meine bäuerlichen Vorfahren.

Ich darf ohne schlechtes Gewissen in die Herbstferien fahren und freudig wiederkehren in mein Gartenparadies. Und vielleicht bietet der goldene Oktober noch ein paar sonnige Tage.

## 64  Laue Sommernacht in der Gartenlaube

Zum Arbeiten gehört das Ausruhen. Mein Grünes Tagebuch gibt mir Recht: So viele arbeitsreiche Tage verdanke ich meinem Gartenparadies. Und manchmal auch eine gute laue Juninacht.

In später Abendstimmung sind die letzten Handgriffe schnell getan. Hier noch eine Gießkanne Wasser vorsichtig an Rosenfüße geleert, dort noch ein trockenes Zweiglein herausgeschnitten, und dann ist es purer Genuss. Freude am Gelungenen. Abendstille. Der Großstadthintergrundlärm schwillt ab. Ich lege mich in der Laube auf die Liege und schlafe durch bis halb vier.

Da wecken mich der dämmernde Morgen, der Osten wird rot, und vielstimmiges Vogelkonzert. Kurz nach 4 Uhr geht die Sonne auf. Jetzt kann ich ganz viel schaffen im taufeuchten Garten. Den Vögeln fülle ich die Trinkschalen voll. Allen meinen Rosen, die jetzt blühen, schenke ich die zweite Düngergabe, bevor ich mich selbst ans Frühstück setze. Die Luft ist frisch und erfrischend. Frühes Aufstehen härtet ab, macht zeitig fit für den ganzen Tag. Es tut so gut, ein tüchtiger Mensch zu sein.

# 65  Und das Gute kommt von oben

Ersten Gedanken soll man folgen, sie sind oft die besten. Eine meiner frühesten Anschaffungen für den Schrebergarten war die Regentonne. Sie hat sich wirklich schon bezahlt gemacht. Da habe ich, mit Erfolg, auf Experten gehört, die mir rieten: Regenwasser tut unseren Pflanzen wohl, ist gutes Gießwasser. Regen ist preiswertes Wasser, ein kostenloses Geschenk von oben.

Die grüne Regentonne steht an meiner Gartenlaube, gleich neben dem Fallrohr, das von der Dachrinne abwärts führt. Wenn es geregnet hat, kann ich meine Gießkannen füllen und dorthin tragen, wo meine Pflanzen durstig sind. Da habe ich wieder mal meine wichtige tragende Rolle.

Das ist selbstverständlich in den Wintermonaten nur selten ein Thema. Schon gar nicht, wenn der gefrorene Boden kein Wasser aufnehmen kann und meine Regentonne ohnehin abgehängt und leer in der Ecke steht, damit sie nicht gefriert und platzt.

In der warmen Jahreszeit hat mein aufgefangenes und gespeichertes Regenwasser noch einen weiteren Vorteil gegenüber dem aus zehn Meter Tiefe geförderten Brunnenwasser. Man sagt immer, die Blumen und die Sträucher mögen an heißen Tagen kein kaltes Wasser. Das aus der Tonne hat immer die richtige Temperatur zum Wohlfühlen, selten höre ich Protest von meinen Pflanzen, wenn ich sie bediene.

## 66 Julischwüle im Haus, luftige Kühle im Garten

Mal ist es uns zu kalt in einem verregneten Sommer, dann wieder ist es zu heiß, wenn wir in tropischen Nächten ächzen. Die Älteren unter uns kennen noch die Hochsommerhitzebilder von früher: Bäuerinnen unter Strohhüten auf schattenlosen Feldern, sonnenbrandige Badehosenknaben auf ausgetrockneten Feldwegen.

Ein Hauch dieser Erinnerungen weht jetzt manchmal zu mir heran, wenn die Sonne gnadenlos auf die Großstadtterrasse knallt, wenn ihre Strahlen ungefiltert die Zimmer brühwarm aufheizen, weil der Bauherr Fensterläden vergessen und nicht einmal an Sonnenschutz-Glasscheiben gedacht hat. Lastet die Julischwüle brütend in unserer Wohnung, fliehen wir zur luftigen Kühle in unseren Kleingarten.

Welch ein Unterschied! Über 30 °C Lufttemperatur, und doch fächelt ein laues Lüftchen vom Stadtwald herüber, schlängelt sich an unseren Beerensträuchern vorbei, findet eine Schneise zu unseren Schattensitzen. Mineralwasserflaschen parken in Wassereimern, ich pumpe kaltes Nass aus der Tiefe des Brunnens herauf und kühle unsere Erfrischungen, schattig abgestellt im Innern der Laube.

Wenn es uns gar zu heiß wird, treten wir unter unsere Gartendusche mit Pumpenanschluss. Sie ist auf Zweisamkeit angelegt: Der eine pumpt, die andere räkelt sich unterm frischen Wasserstrahl, und dann folgt die angenehme Gegenleistung. Rosensträucher verdecken Körperblößen, kein Spaziergängerauge wird von nackten Tatsachen irritiert. So halten wir auch die Hundstage aus.

# 67 Stellen alles in den Schatten: Drachenflügel

Tiefstapeln ist selten im Wirtschaftsleben. Bei einer Pflanzenzüchtung wünschte ich mir, dass die Erzeuger mutiger wären. Sie dürften getrost damit werben: Wir haben eine Allwetterbegonie in die Welt gesetzt!

Ich kenne seit Jahren eine Begoniensorte, die auf den anschaulichen Namen 'Dragon Wings' hört. Diese Drachenflügel stellen alles in den Schatten und lassen sich selbst, wenn es nötig ist, ohne schwerwiegende Folgen genau dahin stellen. Ich bringe die jungen Pflanzen aus dem Fachgeschäft einfach nach den Eisheiligen in den Garten, setze sie in einen Kasten und gieße sie an, damit sie Kraft bekommen und Freude am

Leben. Und dann sind sie über Monate hinweg wunderbare Dauerblüher im hellkräftigen Rot. Ob sie im Schatten stehen, im Halbschatten oder in der prallen Sonne, ob es auf sie herabregnet oder lange Zeit trocken bleibt, sie sind einfach von unermüdlicher Zuverlässigkeit. Bis der erste Frost je später, desto lieber sie dahinrafft. Aber bis dahin haben sie das Geld, das sie gekostet haben, reichlich verdient.

## 68  Bunte Beeren für die Frühstückskonfitüre

Verschneit und verträumt stehen sie im Winter herum, unsere Beerensträucher. Doch selbst im tiefsten Winter können wir uns täglich an sie erinnern, beim Frühstück. Dann gehört gewöhnlich ein Glas mit Beerenkonfitüre auf den Tisch, das Produkt gelungener Arbeitsteilung in sommerlicher Zweisamkeit. Ich habe die Sträucher gepflanzt, meine

Frau pflückt die Früchte, ich transportiere sie nach Haus, meine Frau kocht daraus die schmackhafteste Konfitüre. Und das ist wunderbar.

Am liebsten mögen wir den gemischten Eintopf. Da kommt alles hinein, was sich zu ähnlicher Zeit ernten lässt: Rote und Schwarze Johannisbeeren. Brombeeren. Dazu Stachelbeeren und jene Taybeeren, die Züchter Taylor im Gartenland England aus Himbeeren und Brombeeren gekreuzt hat und die nun seinen Namen in unseren Garten tragen. Nebenbei bemerkt, erfreuen uns auch die Sträucher schon in ihrer Schlichtheit und Schönheit. Sie geben uns die Sicherheit, dem Kleingärtnergebot, Früchte im Kleingarten erzeugen zu sollen, tapfer gefolgt zu sein.

Bei unserer Beerenkonfitüre schmecken wir die Früchte heraus, bei jedem Happen. Da hat sich die Arbeit gelohnt, das Pflücken und das Waschen und das Einfrieren und das Kochen. Die Umrechnung in Stundenlohn und ein Preisvergleichen mit Produkten aus dem Supermarkt verbieten sich.

## 69  Der Ölbaum im Winterquartier

„Und nun rufe ich unseren Ü-Wagen", sagt die Radiomoderatorin. „Live aus dem hannoverschen Kleingärtnerverein Tiefenriede meldet sich unser Reporter Hartmut Brinkmann von einer tollen Rettungsaktion."

„Ja, ich stehe hier mit meinem Mikrofon im Kleingarten mit der Nummer 28. Hier beginnt gerade die vor jedem Winter gebotene Bergungsaktion für einen kleinen Ölbaum. Er hat seit den Eisheiligen einen sonnigen Platz im Freien gehabt.

Seine olivgrünen Blätter sehen gesund und kräftig aus. Doch wenn er übern Winter hier draußen bleiben müsste, würde er erfrieren, schließlich leben wir hier nicht im Mittelmeerraum. Alles ist für die Rettung vorbereitet. Gleich wird der Ölbaumkübel auf die Schubkarre geladen und zum Parkplatz gerollt. Nach kurzem Transport wird er sein Winterquartier erreichen, in einem lichten Treppenhaus. Dort bleibt er bis zum nächsten Mai. Ein tüchtiger Kleingärtner weiß sich eben zu helfen. Und damit gebe ich zurück ins Funkhaus."

## 70  Regen bringt Segen

Schlafend erleben wir Gärtner den Regen am liebsten. Nachts soll er kommen, zwischen 23 Uhr und 5 Uhr, bitte nicht früher und nicht später, und unsere Pflanzen möge er maßvoll wässern, gerade so viel, wie sie benötigen, nicht mehr, nicht weniger. Allein: Der Regen kümmert sich nicht um uns. Er kommt, wann er will und wie es ihm gefällt.

Wer regt sich mehr über Wetterwechselbäder auf – wir Laubenpieper oder unsere Pflanzen? Da gehe ich jede Wette ein: Die Pflanzen kommen seit Jahrmillionen mit dem Wetter klar. Wir aber würden uns am liebsten unser prima Tagesklima selber machen, jeder ganz nach seinem eigenen Gusto.

Wenn es mal wieder richtig schüttet, wenn man keinen Hund vor die Tür schicken würde, wenn sich Bäume und Sträucher unter der Last der Wassertropfen beugen, dann ist es Zeit, dass auch wir uns fügen. Das bessere Wetter kommt bestimmt. Und unserem Garten wird der Regen per saldo guttun. Das hoffe ich.

Aus dem Gästebuch
in der Gartenlaube

„Ein grünes
Wohnzimmer
mit Inseln der
Ruhe und der
Muße."

## In meinem Garten
## wär' ich gern Bestimmer

## 71 Der richtige Platz
## für den falschen Vogelbeerbaum

Wir können nicht alles wissen. Aber wir dürfen diejenigen fragen, die es wissen könnten. Also habe ich gefragt: Was wächst denn hier? Welcher Sämling kommt mitten in meinem Garten aus der Erde? Die Experten waren sich bald einig, als er kniehoch stand: Das ist ein Vogelbeerbaum. Also habe ich ihn weiterwachsen lassen. Vogelbeeren sind nützlich. Die passen in einen naturnahen Schrebergarten. Unsere Vögel würden sich freuen. Und wir hätten ein schönes Gefühl und ein gutes Gewissen.

Sein Standort war günstig. Da hätte so einer gut hingepasst.

Doch als ich im Arboretum in Ellerhoop-Thiensen eine Sammlung der schönsten Vogelbeerbäume entdeckte, da sahen sie alle anders aus als meiner. Mein Sämling war verkannt worden. Er war ein *Fraxinus excelsior*, eine Gemeine Esche. Deren Stamm kann einen Durchmesser von zwei Metern bekommen, und 40 Meter hoch wird sie auch schon mal.

Eine Gemeine Esche hätte unseren Kleingarten leer getrunken, nein, die ganze Kolonie. Ich habe sie, als es gerade noch ging, verschenkt, zu guten Menschen, die treu für sie sorgen wollten. Der Baum ziert auf dem Lande eine Reihe heimischer Gehölze auf einem großen Grundstück, in Mulmshorn beim Heimatverein, zwischen alter Schule und Feuerwehrhaus. In trockenen Sommern kommen die Feuerwehrleute und löschen den Eschendurst. Das ist der richtige Platz geworden für meinen falschen Vogelbeerbaum.

# 72 Rettung für den Zwetschgenbaum

Haben Sie einen Zwetschgenbaum in Ihrem Garten? Dann werden Sie – wie wir – reichlich beschenkt, mit Schatten und mit Früchten. Eigentlich hätten wir ihn fällen sollen, gleich im ersten Jahr der Pacht. Weil er schon alt war und gebrechlich aussah. Weil ein langer Spalt in seinem Stamm klaffte. Weil dort eine morsche Höhle baldiges Auseinanderbrechen androhte.

Nun ist diese Zwetschge unser Laubenbaum. Sie überspannt weit den Vorplatz. Sie ist der Mittelpunkt unseres Ensembles. Sie gibt dem Ganzen ein Gesicht. Schon damals galt für mich: In meinen Gärten experimentiere ich gern. Ich widerstehe gut gemeinten Ratschlägen, die mir widerstreben, so wie sie mich auch in diesem Fall ereilten: Ganz wegnehmen sollte ich den Zwetschgenbaum und eine Markise vor die Laube schrauben, die würde auch Schatten spenden. In Brusthöhe sollte ich den Baum absägen, eine Holzplatte daraufschrauben – und schon hätte ich den schönsten Gartentisch.

Wir haben das alles nicht getan. Mit Nachbarshilfe wurde unser Hauptbaum gerettet: Das Morsche ausgehöhlt bis zum harten Holz. Eine Stahlstange quer mittendurch geschraubt an möglicher Bruchstelle. Sogar ein metallenes Abflussrohr haben wir an der tiefsten Stelle der Höhlung implantiert – nun pieselt unsere Zwetschge nach starkem Regenguss gelegentlich vor sich hin.

Seither hat sie uns alles geboten, was die Natur vorrätig hält. Natürlichen kühlen Schatten, weit gespannt. Blütenzauber im Frühjahr. Ernte im September und Oktober, mal nur wenige

Kilogramm, aber zuckersüß für köstliche selbst bereitete Konfitüre. Mal im riesigen Überfluss, zentnerweise, sodass wir voll gefüllte Tüten an die Pforte hängen mussten mit der Aufforderung an Passanten: „Reife Zwetschgen zu verschenken – bitte dringend mitnehmen!"

In manchem Jahr hat der Baum sich auch närrisch gebärdet. Narrentaschen hat er abgeworfen, bananenförmig entstellte Früchte, plattgelbe Verformungen, pilzige Schoten. Ihm sind auch bei böigem Wind schon früchteschwere Äste abgebrochen. Manchmal, nach heftigem Sturm, liegt allerlei Trockenholz unten. Und im Herbst ist viel zu harken, wenn das Laub nach unten drängt.

All unsere Gartenvögel würden diesen Baum vermissen, wenn wir ihn nicht mehr hätten. Auch der Buntspecht, der mit blitzschnell hämmerndem Schnabel unter die Rinde hackt, wie mit einer Pinzette zu dem Gewürm, das sich dort vermehrt, Nahrung für die Jungspechte. Grün ist Leben, sage ich mit den Baumschulen.

# 73 Gartenpaten und Nachbarsgaben

Ihn habe ich in den ersten Jahren gern und oft in Anspruch genommen, meinen Gartenpaten. Er hat mich kenntnisreich eingeführt ins Kleingärtnerleben, er hat mir viel beigebracht. Ihm schulde ich Dank für vieles, was ich lernen konnte. Später habe ich anderen, die neu dazukamen, etwas davon zurückgeben können, und noch viel Rosenwissen dazu.

Gartenpaten sind eine gute Einrichtung in unserem Kleingärtnerverein. Wer eine Parzelle übernimmt, wird fürs erste Jahr von einem Nachbarn betreut, in die Gepflogenheiten des Vereins eingeführt, manchmal auch fachlich beraten. Der Vorstand teilt die Paten zu, die Neulinge sind dankbar, und das Ganze ist weniger förmlich als praktisch, so von Mensch zu Mensch. Und für Nachbarschaftshilfe ganz ohne Patenschaft bestehen ohnehin viele Gelegenheiten in einer überschaubaren Schrebergartenanlage.

Sie haben wir in guter Erinnerung behalten, unsere Nachbarin Frau Tasche. In unserm ersten Gartenjahr entwickelte sich ein liebenswertes Ritual. Dann rief sie fröhlich übern Zaun: „Herr Brinkmann, ich habe etwas für Sie!" – „Was ist es denn, Frau Tasche?" – „Das weiß ich nicht, aber es blüht so schön gelb." Dann hob sie es mir herüber. Ich habe es gern angenommen („ohne Dankeschön, sonst wächst es nicht an"). Ich habe es gern in unseren Garten gepflanzt, in dem damals noch viel Platz war. Und ich habe, wenn ich konnte, nachgeschlagen, was denn da so schön gelb blüht. In diesem Fall war es Goldrute.

Sie darf gern bei uns bleiben, wachsen und gedeihen.

Frau Tasches Goldrute hat sich, mit ihren Wurzeln in alle Richtungen laufend, Jahr um Jahr vergrößert. Sie würde, hätte ich es zugelassen, drei Viertel unserer Parzelle okkupieren. So wie sie auch in vielen anderen Gärten unserer Kolonie ihr Wesen treibt. Ich habe sie, zur Erinnerung an Frau Tasche, auf ein kleines Quartier am Gartenrand beschränkt. Dort leuchten im August mannshoch die gelben Blütenstände zu uns herüber. Ich müsste sie wohl immer abschneiden, damit sich ihre Samen nicht noch weiter verbreiten. Doch dann bleiben sie Jahr für Jahr dran, bis ich sie im Frühjahr, wenn sie stocktrocken sind, mühsam entferne. Da ist der Neuaustrieb in der Erde bereits vorbereitet.

Frau Tasche lebt schon lange nicht mehr. Ihre milden Gartengaben haben sie überdauert.

# 74 Vielleicht kommen meine Rosen mal ins Fernsehen

Angenommen, nur mal angenommen, das Fernsehen würde auf meinen Schrebergarten aufmerksam. Ein Redakteur würde erfahren, dass ich viele Rosen gepflanzt habe und mich ganz gut mit ihnen auskenne. Er würde ein Team zu uns entsenden, das würde Aufnahmen machen, und dann würden mein Garten und die Rosen vielen Menschen gezeigt. Aber ich müsste bestimmen können, was aufgenommen und was gesendet wird.

Das müsste natürlich am besten in den Rosenmonaten geschehen. Das Team könnte an einem Sonnentag kommen. Ich würde dem Kameramann alle Rosenschönheiten zeigen, und er dürfte die schönsten Bildmotive auswählen. Ich müsste dem Redakteur, der im Zweifel wenig oder gar nichts von Gartenrosen weiß, erklären, was alles wichtig ist beim Pflanzen und Pflegen, beim Gießen und Ausputzen meiner Zöglinge, beim naturnahen Gärtnern ohne Gift, bei der richtigen Auswahl gesunder Sorten. Dann würde sicher ein Drehplan besprochen, dann – falls das Licht gut wäre – so lange gedreht, bis die Aufnahmen im Kasten wären. Und nach x Stunden könnte das Team wieder davonfahren.

Mein Wunsch ist längst in Erfüllung gegangen, ganz einfach und unkompliziert. Im Sommer 2003, im Jubiläumsjahr des Europa-Rosariums Sangerhausen, waren Fernsehmenschen vom privaten Sender K 28 aus der Rosenstadt bei uns im Garten. Das Team bestand aus dem Regiekameramannredakteur-Tontechnikeransager und einer Gerätehelferin. Wir brauchten je fünf Minuten für Besichtigung und Absprache. Gedreht wurde eine Dreiviertelstunde. Alles wurde genau so, wie ich es wünschte. Dann haben wir Kaffee, Wasser und belegte Brötchen zu uns genommen und uns des Lebens gefreut. Die Sendung wurde in Sangerhausen mehrfach ausgestrahlt.

## 75  Doppelte Tiefe: Spiegel im Garten

Er hat sie mir gezeigt, die Spiegel in seinem Garten. Gutes lässt sich leicht kopieren. In anderen Gärten beschaffe ich mir immer wieder gern Anregungen, die ich dann für mich passend mache. Ein Gartenfreund hatte mir erzählt, dass er bei Sperrmüllaktionen am Straßenrand nach Gegenständen zur Dekorierung seines Gartens kramt. Das Ergebnis durften wir bestaunen, als wir ihn besuchten An manchen unerwarteten Stellen haben wir geschickt platzierte Spiegel entdeckt.

So einen Spiegel, einen großen mit dickem Rahmen, haben wir auch organisiert und in unseren Kleingarten geholt. Da schafft er nun an einer Stelle eine neue Tiefe. Er macht unseren Garten weiter. Und das kann der mit seinen 268 Quadratmetern auch gut vertragen.

Der Trick mit dem Spiegel vergrößert den Raum und zeigt unerwartete neue Einblicke. Und wenn es der Besucher ist, der beim Rundgang an einer Stelle, an der er neugierig Krautiges oder Strauchiges, Einheimisches oder Exotisches erwartet, sich plötzlich selbst entdeckt. Im jüngsten Frühling habe ich an anderer Stelle den Effekt verdoppelt. Da spiegelt sich nun, wann immer ich davor stehe, der Obelisk mit meinem Kletterer 'Sommerabend'.

## 76  Die grüne Laubenwand –
## kein Grund für Graffiti

War da was? War da wer? Wo kommt die viele Farbe her? Aufregung am Morgen im Gartenparadies: Mehrere Lauben sind über Nacht besprüht worden, verschandelt. Oder verschönert, das kommt auf den Standpunkt an, ob man der Pächter ist oder der Sprayer.

Im Garten 28 hätten Sprühdosenaktivisten keine Chance. Was sie brauchen, ist eine große Sprühfläche mit freiem Zublick. Unsere Laubenfassade, die zum Hauptweg zeigt, die also Ziel für darstellerischen Tatendrang sein könnte, ist total zugewachsen. Pflanzen haben sie – nicht wegen der Sprayer, sondern weil wir das mögen, und weil es im Sommer die Laube kühl hält – lückenlos belaubt. Da ist kein Platz mehr für einen Graffito, und für mehrere Graffiti schon gar nicht. Diese grüne Fläche lässt keine gesprühten Darstellungen, Zeichen, Bilder, Schriftzüge zu.

Links auf der Ecke beginnt die hochgewachsene Kletter-Hortensie. Ihr zur Seite die imposante Wildform einer aufs Dach steigenden Clematis, Rastplatz für Amselnester. Ungestüm daneben der Wilde Wein, der sich in die *Wisteria* hineindrängt, in den Blauregen, und der teilt sich die rechte Laubenecke mit der Kletterrose 'Sommerabend'. Gelegentlich habe ich zusätzlich bunte Tupfer von Fuchsien hinzugefügt, in einem vom Dachbalken hängenden Korb, den weitgereiste Gartenfreunde sicherlich „Hanging Basket" nennen.

Alles in allem: Überhaupt kein Grund für Graffiti. Hiermit lege ich ein für alle Mal und verbindlich fest: Wir haben gern heitere Gäste, tagsüber, wenn wir auch da sind als glückliche Gastgeber.

## 77 „Du sollst den Feiertag …!"

Uns und unseren Garten sehen gebetene und ungebetene Gäste – das ist normal in einer öffentlich zugänglichen Kleingartenanlage. Gelegentlich ereignen sich Dialoge, die den sonntäglichen Frieden kurzzeitig unterbrechen. Sie geben Stoff für dieses Hörspiel in drei Akten. Die handelnden Personen sind eine Studienrätin und ein Laubenpieper.

Erster Akt: Der Laubenpieper harkt vor der Pforte.

(Auf dem Weg vor Kleingarten 28. Sonne bescheint das Idyll. Meisen zwitschern im Fliederbaum. Der Laubenpieper harkt Laub und trockene Gräser unter die Hainbuchenhecke. Meisen speisen. Im Komposter vermehren sich fröhlich die Regenwürmer. Alles ist friedlich.)

Zweiter Akt: Die Studienrätin sucht Streit.

(Von links nähert sich eine Frau um die 50, Mittelscheitel, kleiner Rucksack, feste Schuhe, Studienrätin. Der Laubenpieper hält inne und wendet sich ihr freundlich zu.)

Laubenpieper: Moin!
Studienrätin: Guten Tag! Kennen Sie nicht das 3. Gebot?
Laubenpieper: Wie meinen Sie das jetzt?
Studienrätin: Du sollst den Feiertag heiligen!
Laubenpieper: Das tue ich doch.
Studienrätin: Dann dürfen Sie hier aber nicht arbeiten!
Laubenpieper: Arbeit ist das nun gerade nicht, eher das reine Vergnügen. Und dem lieben Gott wird es schon recht sein, wenn ich mich auch am Sonntag um meine Pflanzen kümmere.
Studienrätin: Aber Sie sollten die zehn Gebote einhalten.
Laubenpieper: Vom Kleingarten hat Martin Luther gar nicht geschrieben. Und wenn Sie jetzt nach Hause gehen, erwarten Sie, dass die Stadtwerke Ihnen Strom liefern – dafür muss jemand arbeiten, auch am Sonntag. Und wenn Sie das Radio einschalten, soll ein Programm zu hören sein – auch da wird für Sie gearbeitet.
Studienrätin: Trotzdem!

(Geht nach rechts ab, den Kopf schüttelnd. Auch der Laubenpieper schüttelt den Kopf, aber nur leicht, wegen der grünen Gartenmütze.)

Dritter Akt: Sonntäglicher Friede kehrt zurück.
(Auf dem Weg vor Kleingarten 28 scheint immer noch die Sonne auf das Idyll. Der Laubenpieper harkt weiter Laub und trockene Gräser unter die Hainbuchenhecke. Weinberg-

schnecken erledigen, was ihnen aufgetragen ist – sie fressen Eier von anderen Schnecken. Vögel sorgen sich nicht – sie picken und tragen fort, was der Schnabel an Nahrung fassen kann. Der Fliederbaum ist fleißig und wächst ganz ohne menschliches Zutun, auch am Sonntag.)

# 78 „Den Fliederbaum müssen Sie aber auch mal wieder ...!"

Fremd kam er daher, ein Lehrer aus Lehrte. Der Einladung zur Offenen Pforte war er gefolgt, und nun stand sie für ihn offen. Das schenkte ihm die Chance, mir zu zeigen, wie gut er sich auskennt mit den Gehölzen: „Den Fliederbaum müssen Sie aber auch mal wieder beschneiden!"

Nun ist es ein ungeschriebenes Gesetz für Offene Gartenpforten: Man nörgelt als Gast nicht am Gastgeber herum, und schon gar nicht, wenn man ihn in dieser Sekunde erst kennenlernt. Ich habe dennoch freundlich reagiert. Ja, wenn ich

dafür einmal Zeit fände, dann würde ich wohl schon. Aber das eile nun wirklich nicht. Und ob er sich meine Rosen ansehen wolle. Das wollte er, und er ist lange geblieben, der Lehrer aus Lehrte.

Ich habe mir später Rat eingeholt bei einer Akademiechefin. Die kennt sich gut aus mit dem Fliederschnitt. Und erklärt ihn für unnötig: „Er wächst von Natur aus malerisch und gleichmäßig." Wenn man ihm dennoch Gutes tun wolle, könne man gleich nach der Blüte die abgeblühten Rispen entfernen, bevor die neuen Blütenknospen wachsen. Die dürfe man dann aber nicht abschneiden. Sonst ist Sendepause, wenn im nächsten Mai der weiße Flieder eigentlich wieder blühen dürfte.

Siehst du wohl. Genau das hatte der Lehrer aus Lehrte sicherlich gemeint.

## 79  Im Garten bist du nie allein

Und ist der Garten noch so klein, er kann ein Stück vom Himmel sein. Auch wenn meine Liebste mal an diesem Nachmittag nicht hier sein kann, während ich zwischen Rasen und Rosen herumpussele, fühle ich doch, dass sie in Gedanken bei mir ist. Sie sieht mir bei der Arbeit zu, wägt kritisch den Kopf, nickt auch mal anerkennend aus zwei Kilometern Entfernung zu mir herüber.

Hier bin ich nie allein, ich kann auch mit meinen Pflanzen reden. Bäume, Stauden, Sträucher sind keine Gegenstände, sondern Lebewesen. Sie können viel, was wir Menschen nicht können. Einige können sich sogar direkt aus der Luft ernähren, während es bei uns mit Luft und Liebe allein auf Dauer nicht getan ist. Warum sollten sie nicht hören oder spüren können, wenn ich mit ihnen spreche.

Mein Kleingarten steckt auch voller lebender Erinnerungsstücke. So wie in mancher Wohnung ein alter Schrank mit Büchern steht, Bilder von früher an den Wänden hängen, Eintrittskarten in Sammelalben kleben, scheinbar wertlos für den Unbeteiligten, aber voller Gedankenwert für den Eigentümer, so findet sich auch manches grün und blühend in meinem Garten.

Die meisten meiner Rosen tragen besondere Geschichten vor sich her, die erzähle ich gern unseren Besuchern. Sie haben mit Menschen zu tun, mit denen mich etwas verbindet, an die ich mich gern erinnere, die – in Gedanken nur, aber immerhin – bei mir sind, wenn ich an meinen Rosen stehe.

Da ist eine neue Kletterrose an einem neuen Rosenbogen, eine weiß blühende, die beim Schreiben dieser Zeilen noch keinen offiziellen Namen trägt, die aber Hella heißen wird. Wenn ich vor dieser Hella stehe, dann denke ich an die Namensgeberin und das Europa-Rosarium in Sangerhausen, das sie über Jahrzehnte mit ihrer Arbeit entscheidend geprägt hat. Hella Brumme hat mir in ihrer sicheren, bestimmten, verständigen Art viel Wissen über Rosen geschenkt, nachsichtig gegenüber dem interessierten Amateur, Expertin ohne den Dünkel der Elitären. Die Rose ´Hella´ ist mir immer nahe. In meinem Garten bin ich nicht allein.

Mein Kleingarten verändert sich durch mich, durch die vorsichtig ordnende Hand des Gärtners, aber auch ganz von allein, auf natürliche Weise. Er wird täglich neu, er ist niemals fertig, er ist auf seine Weise einmalig, nicht wiederholbar. Hier geschieht, zu einem kleinen Teil, was ich gern möchte. Im Übrigen walten hier Kräfte, die mehr können als ich.

# 80 In meinem Garten wär' ich gern Bestimmer

Wurde mein Ausruf etwa ignoriert? „Alles hört auf mein Kommando!" In meinem Garten geschieht, was ich will. Ich bin hier der Chef, der Rudelführer. Ich zwinge diesem Garten meinen Willen auf. Denkste! Das möchte ich wohl gern, aber daraus wird nichts. Die Natur ist viel stärker als ich. Viele Pflanzen tun das, was sie wollen, und nicht immer das, was ich von ihnen erwarte. Das habe ich inzwischen akzeptiert.

In meinem Garten kann ich tun und lassen, was ich will. Ob er sich aber so entwickelt, wie ich das möchte, steht auf einem anderen Blatt. Manchmal muss ich staunend eingestehen, dass etwas anders geworden ist, als ich es geplant hatte. Als Gärtner wirst du bescheiden.

Also muss ich dafür sorgen, dass ich wenigstens ein bisschen von meinem eigenen Willen durchsetzen kann. Ob ich etwas pflanze, und was ich pflanze und wohin, das entscheide ich, nicht ganz allein, wir leben hier zu zweit, aber meine Handschrift ist doch zu erkennen. Wenn ich dabei für eigenwillig gehalten werde, ist mir das recht.

In meinem Garten muss ich nichts müssen. Ich will Fehler machen dürfen, aber daraus lernen wollen. Hier will ich selbstbestimmt leben und verantwortlich sein. Auch wenn ich nicht immer der Allesbestimmer sein kann und will.

Aus dem Gästebuch
in der Gartenlaube

»Ich wünsche
Ihnen ein
fröhliches
Altwerden
mit Ihren Rosen.«

# Ein Garten ohne Rosen
## ist ein Irrtum

## 81 Ein Garten ohne Giersch ist wie Ostfriesland ohne Tee

**Uns** Rosenfreunden ist das schon immer gewiss: Ein Garten ohne Rosen ist ein Irrtum. Wenn ich hier Karl Foerster abwandeln darf, der das gleiche einmal vom Phlox behauptet hat. Mir ist aber auch im Prinzip schon lange klar, was ebenfalls in meinem Garten sein muss: Giersch. Ob ich das nun will oder nicht. Es sei denn, wir bekommen ein Ausnahmejahr, doch das hatten wir bisher noch nie.

Dieses Wildkraut, das von erbosten Gartenfreunden auch Unkraut geschimpft wird, wächst auch bei uns fröhlich vor sich hin. Dort, wo es am stärksten wuchert, grabe ich es aus, auf dem Boden kniend, überall, wo ich seiner habhaft werden kann. Lang dehnen sich die Wurzelstränge hin, ich kann sie ganz gut fassen und herausziehen, aber ach, ich weiß genau: Darunter sind noch mehr, bis tief ins Erdreich hinein, je mehr ich entferne, desto mehr wächst nach.

Mit Abdecken habe ich es auch schon versucht. Große

Pappkartons, vom Umzug übrig geblieben, habe ich auseinandergefaltet, über dem Giersch ausgebreitet, mit Erde und Steinen beschwert, da sollte er ersticken. Doch was tat mein Giersch? Er durchbohrte die nass gewordene Pappe, suchte sich seinen Weg zum Licht und blinzelte mutig zu mir herauf.

Nun soll Giersch angeblich im Geschmack an Spinat und Petersilie erinnern. Von wohlmeinenden Naturfreunden wird er zu den Wildgemüsen gezählt. Vielleicht sollten wir doch einmal ausprobieren, was mir ein Radiohörer aus Ostfriesland geschrieben hat. Ostfriesen sind passionierte Teetrinker. Einige von ihnen sind Gierschfans. Unser Mann isst junge Blätter vom Giersch als Pizzabelag, gemischt mit Spinat, Zwiebeln, Räucherspeck, Schmelzkäse und geriebenem Gouda – es klingt wie eine kulinarische Delikatesse.

Das ist der endgültige Abschied von einem traditionellen Feindbild. Man könnte eine neue Regel dazu aufstellen: Trinke nie Tee in einem Garten, in dem kein Giersch wächst!

## 82  Ein Kleingarten ohne Laube ist wie ein Baum ohne Laub

Tag und Nacht dringen die typischen Großstadtgeräusche herüber zu unserem Kleingartenidyll: das Martinshorn, das aufbrausende Geheul eines wild gewordenen Motorrads, ein ratternder Güterzug. Sie stören nicht wirklich, und wenn wir in unserer Laube sitzen, kommen sie nur noch gedimmt zu uns herein.

Unser Gartenhäuschen ist gut belaubt, bewachsen, verschwiegen, schutzbedacht und winterfest, der ideale Unterschlupf bei jähem Wetterumschwung. Dann sitzen wir wie in einer Loge und schauen nach draußen aufs Regentheater.

Hier finden wir Zuflucht vor üppigen Güssen. Oder auch nur eine Einladung zum lieblichen Laubentraum, zum Mittagsnickerchen oder, selten, zum Kummerschlummer.

Dann flattern schon mal Meisenkinder herein auf der Suche nach süßen Krümeln und wecken uns. Aber sobald draußen der Himmel klar ist, hält uns nichts mehr in der Laube.

## 83  Ein Schrebergarten ohne Kartoffeln ist undenkbar

Um es gleich vorwegzusagen: Ich habe keine Kartoffeln in meinem Schrebergarten. Ich habe keine Kartoffeln mehr in meinem Garten. Früher, ja da hatte ich sogar einen kleinen Erfolg mit ihnen. Das war in meinem zweiten Gartenjahr. Das Beet, in dem ich sie pflanzen konnte, war damals schon ziemlich klein, und es ist seither weiter geschrumpft – Strauchrosen verlangen eben ihren Platz.

Als ich noch ein paar Quadratmeter mit Kartoffeln bepflanzen konnte, wusste ich genau: Die sind in Südamerika beheimatet und überhaupt erst seit Ende des 18. Jahrhunderts in Europa als wichtiges Grundnahrungsmittel anerkannt. Es sind die typischen Kleingartenpflanzen mit Migrationshintergrund. Jeder Laubenpieper will sie anbauen. Fast jeder.

Mein Problem, neben der ungelösten Platzfrage: Wo bekomme ich Saatgut in kleinsten Mengen her? Ich kann nur eine

Handvoll Saatkartoffeln unterbringen, bekomme sie aber überhaupt nur ab fünf Pfund. So ist es unterblieben.

Verstoße ich damit schon gegen die ungeschriebene Regel, gegen die weit verbreitete Erwartung: Laubenpieper haben gefälligst auch Kartoffeln anzubauen? Ich habe eine plausible Ausrede: Der moderne Hobbygärtner darf auch das Undenkbare denken. Und eine Niederlage muss ich mir eingestehen können.

# 84 Ein Gemüsegarten ohne Tomaten ist sonderbar

Tag für Tag denkt der treu sorgende Gartenvater über seine Zöglinge nach. Ich tue das auch, und manchmal führe ich mit mir darüber ein Selbstgespräch. Selbstgespräche haben einen großen Vorteil: Ich kann mir, mit großem Respekt, widersprechen, ich muss es aber nicht.

– Na, du Tomatenförster!

– Hallo, Laubenpieper! Du hast ja auch in diesem Jahr keine Tomaten angepflanzt. Ich finde das irgendwie sonderbar.

– Wie soll ich das erklären? Ich traue mich nicht mehr.

– Sieh dir den Garten der neuen Gartenfreundin an, sie hat einen prächtigen Kübel an der Laubenwand stehen, mit einer einzigen Pflanze und riesengroßen roten Tomaten.

– Ich bin ganz neidisch. Aber ich habe auch gesehen, wie es beim Ehrenmitglied aussieht, der klagt über die Braunfäule, die alle seine Früchte befallen hat.

– Du kannst doch Sorten kaufen, die widerstandsfähig sind. Und nicht krank werden.

– Könnte ich. Und dann gleich noch schmackhafte, die mehr sind als eine gute Verpackung für Wasser.

– Das ist ein Vorurteil. Frag Siegfried oder Brigitte Stein, die kennen die besten Sorten.

– Mache ich, wenn ich mal wieder von ihnen höre.

– Nichts für ungut. Freu dich trotzdem an deinem Garten.

– Tue ich. Und vielleicht traue ich mich mal wieder, Tomaten anzubauen, dann aber garantiert unterm Dach. Da sind sie vor Regen geschützt und daher wenig anfällig für die Fäule. Der Versuch macht klug.

# 85 Ein Paradieschen ohne Radieschen ist paradox

Jahr für Jahr stellt sich die gleiche Frage: Radieschen einzeln aussäen? Oder das Radieschensamenband mit den eingelegten Samenkügelchen in präzisem Abstand auf schnurgera-

der Strecke ausbringen? Oder mache ich – wieder einmal – Radieschenpause?
Es scheint widersinnig zu sein, zumindest sonderbar, aber an diesem Ort der Gärtnerseligkeit ist keine Radieschengarantie möglich. Wann immer ich es versucht habe, tierische Mitesser waren am Werke – es ist ein ungleicher Kampf. Im nächsten Frühjahr nehme ich ihn wieder auf, fest vorgenommen – vielleicht versuch ich's mal in Töpfen.

## 86  Ein Biotop ohne Teich ist eine Notlösung

Für jeden Laubenpieper ist das eine echte Herausforderung. Auch ich hätte gern ein Feuchtbiotop in meinem Garten, einen durch Wasser geprägten Lebensraum für Pflanzen und Tiere. Trotzdem ist in unserem Biotop Kleingarten wirklich kein Platz mehr für einen schattenfreien Teich.
Wir haben alles überlegt, geprüft, besprochen, entschieden: Aber ausgerechnet wir können nicht, weil Teiche nun mal wegen der Pflanzen am besten in der Sonne gedeihen, und bei uns würde er zu stark beschattet sein. So muss unsere Parzelle, rein teichmäßig gesehen, eine Notlösung bleiben.
Ein weltberühmter Rosenzüchter hat uns schon scherzhaft, als er bei uns im Garten zu Gast war, das Einziehen eines Zwischendecks empfohlen, einer zweiten Ebene. Da könnten wir allenfalls einen Höhenteich anlegen. Aber vielleicht, wenn uns ein formschönes Technikwunder über den Weg läuft, setzen wir doch einmal mitten auf den Rasen ein sonnenlichtbetriebenes Wasserspiel ganz dicht an den Liegestuhl.

## 87 Eine Parzelle ohne Glashaus ist teurer

Jahr zwei meines gärtnerischen Schaffens: Ein Kleinge-
wächshaus muss her! Damals war noch Platz im Garten. Da
wollte ich das Vorziehen von Sommerblumen und Salat erproben, oder wenigstens in einem gläsernen Frühbeet. Weil
doch in der Etagenwohnung ohne Fensterbänke kein Platz
zum Aussäen in kleinen Töpfen vorhanden war.

Gute Ideen dürfen wandern. Mein viel zu groß geratener
Glaskasten kam aus der Südheide zu mir gewandert, gut gemeint, in allerbester Absicht. Es war eine Superidee und ein
Desaster. Wie das Ding da schwergewichtig eine große Fläche
überdeckte! Wie sich die gläsernen Deckel nur schwer anhe-

ben und noch schwieriger auf Lüftung stellen ließen! Das war alles andere als ein praktischer Frühbeetkasten, den hätte ich schon noch untergebracht, aber nicht dieses Monstrum. Manchmal muss man ganz schnell eine Notbremse ziehen. Nach dem gescheiterten Experiment kaufen wir, weil wir sie nicht vorziehen können, allerlei Blühwillige im einschlägigen Fachhandel ein. Es war schon immer etwas teurer, kein Glashaus auf der Parzelle zu haben. Und selbst für einen kleinen Frühbeetkasten, mit dem ich geldsparend meine Pflanzen vorziehen könnte, müsste ich inzwischen ein paar Strauchrosen opfern – also tue ich es nicht.

## 88  Ein Ziergarten ohne Vogelsang ist wie eine Rose ohne Duft

Vertraut sind mir unsere Gartenvögel wie alte Nachbarn. Der Zaunkönig, der auch im Winter singt. Die Heckenbraunelle, die Raupen, Käfer und Larven frisst. Der Dompfaff mit seinem bit-bit und diü-diü. Von der Spatzenbande ganz zu schweigen, die sich aber rar macht bei uns in der Kleingartenkolonie und sich wohl mehr stadteinwärts tummelt auf dem Wochenmarkt und am Eiscafé.

Wir füttern unsere Gartenvögel auch im Winter, wenn Schnee liegt und sich das Laub nur schwer umdrehen lässt auf der Suche nach Nahrung. Dabei verstoßen wir manchmal gegen die strengen Regeln der Kundigen, die das Füttern auf Notfälle beschränken wollen, damit die natürlichen Abläufe nicht gestört werden. Aber wir legen manchmal etwas mehr hin, als zum Überleben der Vögel nötig ist, das mag unserem Egoismus geschuldet sein. Es macht uns nicht nur Spaß. Ich bilde mir auch jedes Mal ein, die Vögel würden es sich merken und gern bei uns bleiben bis in den Sommer hinein, wenn wir öfter im Garten sind als bei Schnee und Eis.

## 89 Ein Garten ohne Arbeit ist wie Suppe ohne Salz

Hier bei Adalbert Stifter im „Nachsommer" kann ich es nachlesen: „Fleiß ist der Vater des Glücks." Ich darf optimistisch sein. Bei meinem sprichwörtlichen Gartenfleiß habe ich noch viel Glück in Aussicht.

Das ist das Schöne am selbstbestimmten Arbeitstag des Laubenpiepers: Er braucht keine Stundenabrechnung, keine Stechuhr, keinen Arbeitszettel. Er muss sich nicht einloggen und ausloggen. Niemand macht die Kosten-Nutzen-Rechnung außer ihm selbst.

Bei der Gartenarbeit kann ich viel mit meinen Pflanzen reden. Das hat manche Vorteile. Widerspruch kommt nicht sofort, sondern mit Verzögerung, wenn sie dürsten, schon nach Tagen, wenn sie hungern, nach Wochen, wenn sie am falschen Standort stehen, erst nach Monaten, und gar nach Jahren, wenn sie hier auf Dauer nicht leben wollen – meine Rosen wollen, zumeist, gern.

Ein Lohn meiner Arbeit ist das Lernen von Geduld. Gartenwerk ist Wartenwerk, sagt ein alter Spruch. Falls ich einmal blind werden sollte, würde ich Hilfe brauchen, aber immer noch meinen Garten riechen wollen, fühlen und hören.

# 90  Ein Garten ohne Rosen ist ein Irrtum

Sind Rosen denn wirklich nötig für einen Schrebergarten? Für mich ist diese Frage rein rhetorisch, die Antwort geben mir meine Rosen, wenn ich mit ihnen spreche: Sie erwidern meinen Gruß, freundlich, fröhlich, friedfertig.

Ich kenne mindestens elf gute Gründe, warum jeder Kleingärtner mehrere Gartenrosen pflanzen sollte:

Die Formen der Blüten sind so vielfältig, von klein und offenschalig bis üppig-nostalgisch-gefüllt.

Die Farben der Blüten umfassen – mit Ausnahme von wirklichem Blau – die Skala des Regenbogens: rot-orange-gelb-grün-violett.

Das Blattgrün ist niemals gleich: Hell, mittel, dunkel, zart oder ledrig.

Duft macht Rosen doppelt anziehend.

Der Umgang mit den Stacheln (nicht Dornen!) der Rosen macht vorsichtig; sie zeigen uns, wie günstig es ist, sorgsam an ihnen zu hantieren.

Der Gärtner lernt bei Rosen: Geduld. Geduld bringt Rosen.

Überraschungen sind möglich bis wunderbar: So schön können Rosen im dritten Jahr aufblühen, auch wenn sie in den ersten beiden zurückhaltend blieben.

Hagebutten sind der Herbst- und Winterschmuck, wenn Blüten längst erfroren sind.

Die Vielfalt der Rosensorten – Hunderte sind in Deutschland auf dem Markt – lässt nahezu jede Variation für beinahe jeden Geschmack möglich werden.

Die Gesundheit historischer Rosen und moderner Züchtungen ist vielen Gartenfreunden noch gar nicht bekannt.

Wer dann auch noch eine Geschichte zu genau dieser Rose, die er seinem Gast zeigt, erzählen kann, ist ein liebenswerter Rosenpieper.

Ich habe einen praktischen, überall leicht zu realisierenden Vorschlag. Wie wäre es, wenn wir jedes Jahr am Sonntag, an dem die Sommerzeit endet, eine Rose pflanzen? Dann ist beste Pflanzzeit für wurzelnackte Rosen. Den Tag kann man sich gut merken, den vergisst man nicht so leicht, weil doch alle Uhren im Haus wieder einmal umgestellt werden müssen.

Aus dem Gästebuch
in der Gartenlaube

„Ein schöner
Garten
mit Sinn für die
Bedürfnisse
der Pflanzen."

# Der Misserfolg des Laubenpiepers ist sein Umweg zum Erfolg

# 91 Von Fuß bis Kopf auf Garten eingestellt

Wir Hobbygärtner unternehmen nahezu alles, damit unser Wirken im Grünen erfolgreich wird. Nicht immer schaffen wir das auf dem direkten Weg. Manchmal führen erst Umwege zum gewünschten Ziel. Eines aber ist zu vermuten: Die richtige Kleidung ist die Grundvoraussetzung für genussvolles Gärtnern, echt. Zumindest garantiert sie stilvoll den Auftakt für einen erlebnisreichen Gartentag und fördert das Wohlbefinden. Selten richte ich mich nach dem modischen Muss.

In meinem Garten trage ich gern das, was ich immer gern trage. Das beginnt mit den offenen und festen Gummischuhen, in die ich schnell hineinschlüpfen und mich wohlfühlen kann. Im Morgentau und nach heftigem Regenguss gönne ich mir die langen Gummistiefel, die mir trockene Füße sichern.

Im Winter muss ich mich vor Kälte schützen, mit Isoliersohlen und Filzsocken in den Gummistiefeln – so kombiniere ich kühlen Kopf und warme Füße.

In den Stiefeln steckt meine zünftig-grüne Gärtnerhose, die mit dem Latz und den vielen Taschen für Krimskrams jeder Art: Bindeband und Haltedraht, aufgeklaubte Schrauben, immer auch eine Rosenschere.

Meine Weste in figurumschmeichelnder Form, die den Rücken an kühlen Tagen polstert, macht den grünen Hartmut noch nicht komplett. Handschuhe liegen in wildem Durcheinander bereit, vom Grabbeltisch aus dem Baumarkt bis zum englischen Leder, und der rechte muss durchaus nicht immer zum linken passen.

Zur Kopfbedeckung dient, droht Feuchtigkeit von oben, die Undurchlässige aus dunkelgrünem, wasserabweisendem, unverwüstlichem englischen Tuch. Gegen Wind hilft die knallrote Schirmmütze mit der erinnerungsträchtigen Aufschrift „Landesgartenschau Bad Zwischenahn 2002". Und falls die Sonne intensiv aufs Haupt stechen will, reaktiviere ich einfach meinen alten Strohhut.

## 92  Ein Zeckenbiss mit örtlicher Betäubung

Zu spät wäre es fast gewesen. Ich habe es aber noch rechtzeitig entdeckt. Und daraus gelernt. Und keine Schäden zurückbehalten. Das hätte leicht geschehen können. Schuld daran war ein Zeckenbiss.

Im Hochsommer hatte ich leicht bekleidet an der Hecke gearbeitet. Mein Vergnügen an der Mittagsruhe hatte die Hitze nicht schmälern können. Ein paar Stunden später war da eine Bissstelle über der linken Hüfte, ein Insekt musste mich erwischt haben. Es war aber weit und breit niemand zu entdecken, selbst unter der Lupe nicht. Die Stelle wurde rot, juckte, tat weh, ich hatte viel um die Ohren und unternahm nichts. Dann ging die Rötung zurück, wir fuhren beruhigt in den Urlaub – und am Mittelmeer kehrte die Wanderröte zurück. Bevor es kritisch und dramatisch wurde, gingen wir energisch gegen die Infektionskrankheit mit dem Namen Lyme-Borreliose vor, mit wirksamem Medikament. Das Bakterium wurde erfolgreich bekämpft. Die Blutuntersuchung beim heimischen Hausarzt ergab die Bestätigung: Mich hatte eine Zecke gebissen und mit Borreliose-Bakterien infiziert. Die Behandlung kam nicht zu spät, sie verhinderte mögliche schwere Folgen für alle inneren Organe.

Gegen diese Krankheit kann man sich nicht impfen lassen, wohl aber gegen die zweite, die von Zecken übertragen werden kann, und da haben meine Mitgärtnerin und ich seit Jahren den Impfschutz. Frühsommer-Meningoenzephalitis heißt die Gefahr, als FSME kann man sie sich gut einprägen. Wir sind seit jenem Sommer besonders wachsam. Nach jedem Gartenaufenthalt suchen wir uns sorgsam ab. Auch mit Sprays, die Zecken abschrecken sollen, haben wir schon experimentiert. Mag sein, dass sie wirksam sind. Die gründliche Suche nach möglichen Zeckenanhängseln auf und in der Haut behalten wir bei. Sie schenkt uns zärtliche Berührungen.

# 93 Aerifizieren wie der Storch im Salat

Haus und Baum, Strauch und Laub, Blumen und Früchte – sie bilden das Ensemble eines Gartens. Rasen, und sei er noch so klein, gehört auch dazu. Und der braucht ein gewisses Maß an Pflege, wie es für ihn nötig ist. Ein hohes Maß, wenn er ganz perfekt sein soll. Ein geringeres, wenn er eher als Grasfläche eingeschätzt wird.

Im Frühjahr verlangt Rasen danach, vertikutiert zu werden. Da soll die Grasnarbe angeritzt werden, damit Moos entfernt und der Boden belüftet wird. Der Vertikutierer, den ich im Frühjahr immer höre, wird mit Ottomotor betrieben und schneidet mit rotierenden Messern in den Boden und unter starker Lärmentwicklung nicht nur Moos, sondern auch die Wurzeln von ungewünschten Kräutern.

Laut geht es auch zu beim maschinellen Aerifizieren. Da werden tiefe und dicke Löcher in die Rasenfläche gestochen, zum Zwecke der Belüftung. Das soll das Bodenleben fördern. Ich mache das auch, aber leise und zu Fuß. Ich habe mir Spezialschuhe angeschafft, die sehen aus wie nach unten gekehrte Nagelbretter. Sie binde ich unter meine Gummistiefel, und wenn ich dann – wie ein Storch im Salat – zierlich über meinen Rasen stolziere, drücke ich mit jedem Schritt zwölf Löcher fünf Zentimeter tief in die Erde. Beim Lupfen der Beine ziehe ich Moos mit heraus. Auf jeden Fall belüfte ich mit dieser Methode meine kleinen Grasflächen, und wenn es noch so ulkig aussieht.

Nach vollbrachtem Akt sehe ich mich immer vorsichtig um. Ob mich wohl jemand beobachtet hat? Vielleicht engagiere ich, zum richtigen Fizieren und Kutieren, im nächsten Frühjahr doch mal wieder den benzinbetriebenen, lauten Knatterdrachen.

# 94 Asbestdach: Rühr mich nicht an

**Zum** Misstrauen besteht wirklich Anlass, das Dach auf unserer Laube besteht aus Asbestplatten. Als unsere 67 Gartenhäuschen vor einem halben Jahrhundert gebaut wurden, war das der Standard, da dachte man, Asbest diene mit seinen feuerfesten mineralischen Fasern der Laubensicherheit. Heute wissen wir längst, dass diese Fasern, geraten sie in die Lunge, nach Jahrzehnten Krebs auslösen können.

Deshalb waren wir so erschrocken, als an einem strahlenden Sommersonnabend nicht weit von uns entfernt ein Laubendach gesäubert wurde, mit Bürsten und Besen. „Rühr mich nicht an" muss jedes dieser Dächer seinen Besitzern sagen. Wie gut, dass mich meine Höhenangst ohnehin daran hindert, uns aufs Dach zu steigen.

Stattdessen klettert seit langem der Wilde Wein von der Laubennordwand auch auf dem Dach herum. Meine Kletter-Hortensie hat schon den einen oder anderen Zweig über die

Regenauffangrinne gestülpt. Der Blauregen ist sich auch nicht zu schade als Dachbedecker. Ich weiß, dass ich diese *Wisteria* bewachen muss, damit sie keinen Schaden am Haus anrichtet und nicht etwa das Fallrohr zerdrückt.

Meinem Werkzeug habe ich verboten, sich irgendwann in welcher Form auch immer an den Asbestplatten zu schaffen zu machen. Besen und Bürsten müssen gehorchen.

## 95  Die richtige Rose lebt schlecht am falschen Standort

Wohlbefinden kann ich auf lange Sicht der Rose nicht versprechen, die ich an den falschen Standort gesetzt habe. Wenn sie mir lange genug zeigt, dass ich einen Fehler gemacht habe, hilft nur: Im Herbst herunterschneiden, ausgraben, den richtigen Standort suchen und finden, einpflanzen. Oder: günstig zwischenlagern.

Mir ist das mit einer 'Super Excelsa' passiert, einer eigentlich robust mehrfach blühenden Kletterrose. Als ich sie in die Erde setzte, schien dort ein sonniges Plätzchen zu sein, da konnte eine Rose wohl gedeihen. Doch andere Gehölze wollten hier auch wachsen. So machte sich bald Schatten breit. 'Super Excelsa' kümmerte vor sich hin, es war mein Fehler, es war der falsche Standort.

Ich habe sie in einen Kübel gesetzt, zum Beginn der neuen Saison. Das war nun eine gute Entscheidung. Da entwickelte sie sich, blühte willig an jungen Trieben, blühte noch einmal schwach nach für den Herbst. Sie wird im Garten einen Superplatz erhalten, versprochen.

## 96 Prima Klima für Clematis

**Hat** man einen Kleingarten, bleiben immer ein paar Geheimnisse. So wie bei einer Clematis an meinem Rosenobelisken. Sie fand hier ein prima Klima vor, gedeiht üppig, treibt willig hoch hinaus, ist überreich mit einfachen weißen Blüten übersät. Und das Geheimnis?

Unter unseren fachkundigen Besuchern tobte ein Expertinnenstreit. Gekauft und gepflanzt hatte ich die Wildart unter dem Namen *Clematis recta*, das schrieb ich auf ihr Namensschild. „Nie und nimmer *recta*", rief die eine Liebhaberin aus, wegen ihres starken Duftes, der deute auf *Clematis mandshurica* hin. „Schon gar nicht *mandshurica*, nicht bei diesen Blättern", war die andere sicher. Der Züchterbetrieb, von mir als Schiedsrichter befragt, schrieb von einem möglichen Intermediat, einem Zwischenglied zwischen beiden Sorten. So habe ich sie dann *Clematis mandshurecta* genannt.

Ein paar Geheimnisse tun jedem Garten gut. Insbesondere, wenn sie sich aufklären lassen.

## 97 Wenn der Birnbaum nicht mehr tragen mag

**Unser** Birnbaum, hinten links in der Ecke, war eine herbe Enttäuschung, als wir den Garten übernommen hatten. Geblüht hatte er reizend, Früchte hatte er auch angesetzt, aber sie blieben steinhart und faulten dann übergangslos am Stiel.

Nach Zweckmäßigkeitsgesichtspunkten hätte er umgehackt gehört. Aber wenn ich vor einer solchen Entscheidung stehe, gelingt es mir fast jedes Mal, mich vor dem Fällen zu drücken.

Da ist auch ein wenig Respekt im Spiel: Du stehst hier nun schon Jahrzehnte, hast Hinz und Kunz gesehen, Schönes und Trauriges erlebt, und nur weil deine Früchte faul werden, soll ich dich abwickeln, entsorgen?

Den Birnbaum habe ich bis heute stehen lassen. Er blüht jetzt mit der Kletterrose 'New Dawn' um die Wette, die ihn erobert hat, und auch mit wild wuchernden Brombeeren, die noch stärker um sich greifen. So kommen wir doch noch zu Früchten. Auch wenn es keine Birnen sind.

## 98  Fuchsien unter der Laubmütze

Gartenparadies mit kleinen Fehlern, das könnte ich an meine Gartenpforte schreiben. Erfolg kann ich zum Beispiel nicht von allen meinen Fuchsien vermelden. Am einfachsten war es mit den einjährigen Blühschönen in Hängekörben. Sie hatten und machten wenigstens kein Überwinterungsproblem.

Komplizierter wurde es schon mit den Kübel-Fuchsien. Sie durften nicht im Freien bleiben, sie mussten im Keller überwintern, aber da war eines Tages kein Platz mehr.

Den dauerhaften Erfolg hatte ich bisher mit den winterharten Wildformen. Ich habe sie ins Beet gepflanzt. Sie haben schlichte, aber leuchtend rote Blüten weit in den Herbst hinein. Vor dem Winter muss ich sie nicht ausgraben. In den ersten Jahren, als sie mir noch hilfsbedürftig erschienen, habe ich für sie Drahtgestelle gebastelt, einen halben Meter hoch, über die Fuchsien gestülpt, randvoll mit Laub gefüllt – vier Stäbe sicherten den aufrechten Stand.

Diese Laubmützen sind ein wirkungsvoller Winterschutz. Im März beim beginnenden Austrieb habe ich sie dann wieder abgenommen und die Reste der vertrockneten Vorjahrestriebe abgeschnitten, den Boden rund herum gelockert, den ersten Frühjahrsdünger ausgeschenkt. Das verbrauchte Laub habe ich auch noch genutzt. Es kam in einen großen löchrigen Plastiksack: Laubkompost, ein willkommener Versammlungsort für Regenwürmer.

Diese Fuchsien gehen immer fit in den Frühling. Nach ein paar Jahren konnte ich sie weitgehend sich selbst überlassen.

# 99 *Rhabarber, Rhabarber*

Nachhaltig will der bewusst handelnde Kleingärtner gern sein Grüngeviert bewirtschaften, das nimmt er sich vor. Zur Nachhaltigkeit gehört der lange Atem – nichts überstürzen, langfristig wirken, mit dem Rückblick auf Früheres den Ausblick auf Kommendes, Wünschbares verbinden. So weit, so gut. Die Tücke steckt im Detail.

Rhabarber habe ich im Garten vorgefunden. Er war von den inzwischen längst verstorbenen Vorpächtern gepflanzt worden. Aber sie bleiben Stiefkinder, was mir auf Dauer ein schlechtes Gewissen bereitet. Denn eigentlich müsste ich mich mehr um sie kümmern.

Wenn wir früher ein lebhaftes Durcheinandergemurmel lautmalerisch beschreiben wollten, sagten wir nur: Rhabarber-

rhabarber. Ein bisschen mehr Hochachtung hätte unser Knöterichrhabarber schon verdient. Im nächsten Juni wird er es erleben.

## 100  Der Misserfolg des Laubenpiepers ist sein Umweg zum Erfolg

Geholfen hat mir schon so mancher Misserfolg. Der Zeckenbiss hat mich wachsamer werden lassen. Die falsche Standortwahl für eine Kletterrose hat mich umsichtiger gemacht. Einem Kirschbaum würde ich beim nächsten Mal mehr Sonne gönnen.

Trotz mancher Misserfolge macht mir das Kleingärtnern noch immer täglich Spaß. Ich stelle mir sechs Fragen, und ich habe dafür sechs Antworten.

Weshalb hast du noch immer Giersch in deinem Garten?
– Weil er stärker ist als ich.
Wieso hast du nicht früher mit dem Gärtnern angefangen?
– Das frage ich mich selbst.
Wer ärgert dich immer wieder?
– Wühlmäuse. Und Giersch.
Womit hast du dich abgefunden?
– Mit Giersch. Mit Wühlmäusen. Und mit Vorurteilen gegen Laubenpieper.
Weswegen ist dir das Gärtnern wichtig?
– Es schenkt mir Gelassenheit. Garten heißt: Warten.
Wie lange noch willst du das treiben?
– Bis mich Einsicht zur Ruhe zwingt.

Aus dem Gästebuch
in der Gartenlaube

„Wenn dem
Paradies
etwas Irdisches
nahekommt,
dann vielleicht ein
Garten…?"

# Ein Kleingarten ist ein großes Stück vom Glück

# 101 Gewitter, Großbrand, Gartentrost

Mit dem Alter kommt die Erinnerung zurück. Wo mögen die Wurzeln sein fürs gärtnerische Faible der späteren Jahre? Wann habe ich wohl zum ersten Mal einen Spaten oder eine Harke in der Hand gehabt? War es auf Mutters Grabeland, kurz nach dem Weltkrieg in den knappen Jahren? Da wuchsen Kartoffeln und Kohlrabi, Rhabarber und Radieschen, Erbsen und Erdbeeren, Mohrrüben, Bohnen, Kürbis – Obst und Gemüse, von der Mutter hart erarbeitete Nahrung in schwerer Zeit.

Nach dem Grabeland kam ein alter Garten am Mietshaus. Meine Kinderfotos zeigen ein Schwarzweißbild mit Großeltern und Eltern, 1953 im Mai, vor blühendem Kirschbaum. Mein Blick zurück bringt reife Kirschen hervor – Zwillinge wurden wie Ohrringe über die Muscheln gehängt. Da waren essbare Äpfel, Meerrettich am Wegesrand, eine Kletterweide, Flieder. Rosen? Bestimmt auch alte Bauernrosen im Garten, aber Vorsicht, Kind, eine Frau im Dorf hatte eine steife Hand, weil sie sich an einem Rosenstachel gestochen hatte.

Im Juni dann, da wurde ich gerade zwölf, brach nachts ein schweres Gewitter über uns herein, ein Blitz schlug ins Dach, entzündete darunter lagerndes Heu, das Feuer zerstörte alles ringsum und ließ gerade mal unsere Wohnung stehen. Kein Strom war im Haus, das um uns herum neu aufgebaut werden musste. Für Monate war der Garten unser Sommerwohnzimmer. Ich denke an lange warme Abende, mit Petroleumlampen zum Herbst hin, als die Tage kürzer wurden. Gartentrost in schwerer Zeit.

# 102  Höhenangst auf der Gartenleiter

Seiner eigenen Möglichkeiten sollte sich ein Laubenpieper sicher sein. „Überschätzen Sie sich nicht, Herr Nachbar", sagte ein solcher zu mir, als wir neu waren in diesem Quartier. Er ist auf seine Art ein Menschenkenner. Nur von meiner Höhenangst konnte er nichts wissen.

Ich möchte gern in den Baum steigen. Meine ausziehbare Gartenleiter entspricht allen Sicherheitsanforderungen. Ich kann sie leicht aufstellen. Sie hat stabile Stützen. Ich setze sie nur auf festen Boden. Sie kann nicht umkippen. Ich werde nicht herunterfallen. Ich bin noch nie heruntergefallen, und ich werde es auch heute nicht tun. Millionen Menschen klettern täglich auf Leitern herum. Stell dich nicht an, Brinkmann!

Ich steige auf die erste Stufe meiner Leiter, setze den anderen Fuß auf die zweite, versuche, mit dem ersten auf die dritte zu gelangen, ich reibe mir die Augen, ich schaffe es, und dann ist Schluss. Die vierte Stufe ist die Schmerzgrenze. Vielleicht, eines Tages bei Windstille, wenn ich in Hochform sein sollte, erklimme ich auch diese Höhe schwindelfrei. Ich will das Beste hoffen.

# 103  Onkel Herbert und die geistigen Kleingärtner

Schönheit erleben wir Kleingärtner reichlich in unserem grünen Geviert. Im politischen Alltag mangelt es daran eher, er hat andere Prioritäten. Wie schon die Geschichte lehrt.

Herbert Wehner, eine der kantigsten Persönlichkeiten der Bonner Politik, war berüchtigt und gefürchtet für seine Ausrufe im Bundestag. Den Berliner Abgeordneten Wohlrabe schimpfte er schon mal „Übelkrähe", viele andere Namensverhunzungen sind in den Parlamentsprotokollen festgehalten. Dazu gehört auch das legendäre Schimpfwort „Sie geistiger Kleingärtner!"

Das ist ein wichtiger Unterschied. Ob ein prominenter Politiker im Getümmel einer Debatte spontan oder gezielt entgleist. Oder ob ein braver Bürger sein Vorurteil auf Dauer mit sich herumschleppt. In diesem Falle ist es dieses: Kleingärtner seien kleine Geister. Dabei müssen Menschen, die nach Millionen gezählt werden, doch wohl vom lieben Gott recht unterschiedlich auf die Welt geschickt worden sein.

Rabe und Krähe, ob wohl oder übel – die Politik hat schon viele komische Vögel produziert. Warum sollten Laubenpieper, Schrebergärtner, Kleingärtner, Gartenfreunde eine Ausnahme machen.

## 104 Outing: Nicht erschrecken, ich bin Schrebergärtner!

Dem Journalisten ist nichts heilig. Vor Jahren trat so einer in einer berühmten deutschen Wochenzeitschrift auf. Er outete sich – als was? Als Gesetzesbrecher der perfiden Art? Als Mann mit unüblichen Gewohnheiten? Als moralisches Ungeheuer? Nein, viel schlimmer. Der Hamburger entblößte sich vor seinen coolen Kollegen, aber auch vor seinen Großstadtnachbarn, seinem Lesepublikum: Er war Gartenfreund geworden, Kleingärtner, Schrebergärtner. Laubenpieper.

Wie sagte da ein Zuständiger in der Hansestadt? Der Landesbund der Gartenfreunde in Hamburg e.V. verwalte 33 500 Parzellen in 311 Vereinen. Anders gerechnet: Hunderttausend Hamburger leben in einem Schrebergarten. Sogar ein Wochenzeitschriftsjournalist.

In meiner Gartenlaube lese ich die örtliche Sonnabendzeitung. Von Laubenpiepern wird berichtet, und es ist so wie oft: Sie werden in meinem kleinen Lokalblatt, das sich gern großstädtisch aufführt, vorzugsweise in einem Atemzug mit der Eigenschaft „spießig" genannt, also: spießige Laubenpieper. Spießbürger, spießige Menschen werden als engstirnig beschrieben. Nun leben in ganz Deutschland allein vier Millionen Menschen mit Kleingärten. Jeder 20. Bundesbürger hat etwas mit einem der einen Million Kleingärten zu tun. Und alle sind sie gleich? Keine Unterschiede feststellbar? Der Geologieprofessor, der Küster, der Jurist, der Architekt, der Malermeister, der Kriminalbeamte, der EDV-Lehrer, der pensionierte Banker, der Koch, der Stahlverkäufer, die Altenpflegerin, die Chefsekretärin, die Pfarrgemeinderatsvorsitzende, die Gartenarchitektin, der Zahnarzt, der Handelskaufmann, der Elektriker, der Weinhändler, der Lehrer, die Psychotherapeutin, die Büroangestellte, die Hausfrau, die Mutter von fünf Kindern, der Radiomann – alle gleich, alle spießig, ausnahmslos engstirnig?

Oder ist der Schreiber, der Beschreiber von Laubenpiepern, der im Büro an seinem Bildschirm sitzend, Zeilen für sein Blatt zu füllen hat, seinerseits vielleicht nicht ganz so weitstirnig, wie man es von dieser Profession eigentlich verlangen dürfte? Müsste nicht der Redaktionscomputer, sobald die Wortkombination „spießige Laubenpieper" eingegeben wird, automatisch ein rot unterlegtes Fenster auf dem Monitor öffnen? Und mitteilen: „Achtung, unerlaubtes Vorurteil, Begriffskombination sofort löschen!"

## 105  Laubenpiepers schattiger Schreibplatz

Wechsel des Arbeitsplatzes: Mein Sommerbüro ist 268 Quadratmeter groß. Mein schattiger Schreibplatz steht unter dem Blätterdach von Ramblerrose und Kiwiwand. Hier schreibe ich auf, warum Schrebergärtner Laubenpieper heißen. Hier denke ich mir aus, wie der Neckname entstanden sein mag.

Ich kenne niemanden, der sich erinnert hat oder erinnern könnte, wie es sich damals wirklich zugetragen hat, irgendwann am Anfang des 20. Jahrhunderts. Da war das Wort auf einmal in der berühmten Berliner Luft: Laubenpieper! Wer hat es in die Welt gesetzt? Mit welcher Absicht? Aus Jux nur oder aus bösem Willen nach dem Motto: Bei denen piept's wohl?

Wörterbücher haben es leicht, sie schreiben einfach: „Laubenpieper ist eine scherzhafte Bezeichnung für den Inhaber eines Kleingartens mit einer Gartenlaube." Punkt. Oder: „Eigentlich der Vogel (Pieper), der in einer Laube nistet." Vogelkundlich gesehen heißt eine Gattung lerchenähnlicher Singvögel so: Pieper. Wenn man in oder vor seiner Gartenlaube sitzt und den Vögeln beim Singen, beim Pfeifen, beim Piepen zuhört, wird man dadurch zum Laubenpieper? Als ich neulich in unserer Laube saß, habe ich so vor mich hin gepfiffen: So ein Tag, so wunderschön wie heute ... Bin ich deshalb schon ein Laubenpieper?

Vielleicht war es ja so:

Berlin 1906, Tempelhofer Feld. Georg Piepenbrink, genannt Schorse, gebürtig in Linden bei Hannover, sitzt vor der Bretterbude, an der er die vorerst letzte Latte festgenagelt hat. Er hat eben baade Baane in aan Aamer (beide Beine in einen Eimer) gesteckt, da kommt sein Nachbar Paul Dombrowa, genannt Paule, der stammt aus Schlesien und berlinert heftig.

Paule: Det is ja zum Piepen!
Schorse: Geschafft. Und fertig ist die Laube.
Paule: Nu biste Villenbesitzer.
Schorse: Bei dir piept's wohl!

Paule: Na denn eben: Laubenpieper!
Schorse: Selber Laubenpieper – willsten Bier?

So kann sie gewesen sein, die Geburtsminute eines neuen Wortes. Heute würde die Szene mit der Handykamera aufgenommen und ins Internet gestellt – bei YouTube in aller Welt zu sehen.
Oder war es noch ganz anders? Ist Laubenpieper bitterböse gemeint? Nein, für mich ist es eindeutig: Lustig, listig, liebenswert.

## 106  Gartenleben zu jeder Tageszeit

Von unserem Gartenleben haben wir nie genug. Ich genieße es zu jeder Tageszeit. Früh mit der Sonne aufstehen, ist ein Gewinn für den ganzen Tag. An Mahlzeiten im Grünen lässt sich das gut festmachen: Das zweite Frühstück im Morgentau. Grillhähnchen zum Mittagessen. Zum Nachmittagskaffee Kuchen unterm Zwetschgenbaum. Abendbrot im Abendrot.
Wer im Garten auf der Suche nach der verlorenen Zeit ist, kann die Wirkungen von Zeit finden, in den wachsenden Pflanzen, den blühenden Rosen, von denen so viele so liebenswert sind, den leuchtenden Drachenflügeln, den reifenden Hagebutten.
Ein Mann namens Adnan Sakman hat es so gesagt: „Garten ist der letzte Luxus unserer Tage, denn er fordert das, was in unserer Gesellschaft am kostbarsten geworden ist: Zeit, Zuwendung und Raum."

# 107  Ranunkelwunder und andere Überraschungen

**Werden** und Vergehen – das ist der berühmte Kreislauf der Natur, dem wir in unserem Garten auf Schritt und Tritt begegnen können. Ich kenne aber auch: Kommen und Bleiben.

Da ist so ein Ranunkelstrauch von Nachbarn herübergewuchert, erst vorsichtig tastend, dann üppig um sich greifend. Ich beachte ihn eine Saison lang nicht besonders, obwohl er mit leuchtend gelben, gefüllten Blüten den Monat Mai mit schönster Intensität erhellt. Aber danach ist das Ranunkelwunder nur ein schlichter grüner Eckstrauch, hinter dem sich mein Totholzhaufen etwas schamhaft verbirgt. Nur wenn er zu frech in den Weg hineinfingert, rücke ich ihm mit der Schere zu Leibe. Seine Wurzeln laufen gern dahin, wo noch Platz ist. Der Professor aus Thiensen rät zum Auslichten im Winter – aber so ein Winter vergeht auch wieder schnell genug.

Da sind dann diese Maiglöckchen, die Quadratmeter um Quadratmeter erobern, selbst zwischen den Ritzen der Zementplatten vor der Laube mogeln sie sich ans Licht. Sie waren wohl schon da, als wir den Garten übernahmen. Ich habe nicht eine einzige selbst gepflanzt. Jetzt wuchern sie, wenn ich sie lasse, alles zu, und das geht nun wirklich nicht. Also kralle ich sie hin und wieder aus der Erde, wohl wissend, dass sie bleiben wollen.

In die sorgsam geschnittene Hainbuchenhecke drängen sich hin und wieder Sämlinge, weil Vögel dort innehalten, wenn sie sich erleichtern wollen. Mal ist es ein Pfaffenhütchen, mal ein unbekanntes stacheliges Wesen, nach dem ich dringend einen Kenner fragen muss, sobald der bei uns an der Gartenpforte pausiert. Ich bin gesprächsbereit und lernfähig.

Manche Pflanzen kommen zu uns, ob wir wollen oder nicht, und begleiten uns dann vielleicht ein Leben lang.

## 108  Zweifel an den Gartenzwergen

Und dann war da noch ein riesengroßer Gartenzwerg. Der bestand aus übermütig koloriertem Plastikzeugs und war an Deutlichkeit kaum zu überbieten. Er war wohl ein Verlegenheitsgeschenk und bekam seinen gebührenden Platz – nicht in unserem Gartenparadies, sondern im Büroschrank ganz unten links, abgedunkelt und höchst selten unter meinen Augen. Eines Tages, bei einer Aufräumorgie, kam er dorthin, wohin er gehörte, in den Müll.

Ich rechne seit langem mit einer Erweiterung unseres Grundgesetzes. Da könnte der Artikel aufgenommen werden: „Alle Deutschen haben das Recht, Gartenzwerge aufzustellen." Ich habe nichts dagegen, solange es nicht heißt: „Alle Deutschen haben die Pflicht …"

Der einzige Gartenzwerg, der je durch unsere Pforte ging, gehörte zur Familie der Minischlümpfe, hatte gerade mal die Lebensgröße einer Jungmeise und stand unverdächtig auf der Fensterbank in der Laube. Dort muss er, als wir bei Offener Pforte viel Sonntagsbesuch hatten, in eine Jackentasche gesprungen und ausgewandert sein. Seither müssen wir auf die Frage nach dem Vorhandensein von Gartenzwergen auf unserer Parzelle wahrheitsgemäß einräumen: Fehlanzeige!

Daran hat auch Faunus nichts geändert, ein handlicher Gartenzwerg, mit dem hannoversche Laubenpieper zur Papst-Audienz nach Rom gereist waren; auch Faunus bekam den erhofften Segen und ganz viel Aufmerksamkeit in allen Medien. Es darf eben jeder nach seiner Lebensart glücklich werden.

Eine Ausnahme für meinen Kleingarten halte ich dann doch für denkbar. Die passt in eine Samentüte. Es handelt sich in diesem speziellen Fall um Blumensamen für eine Staudenlupine mit 60 Zentimeter hoch wachsenden Blütenkerzen in zarten Pastellfarben, eine Portion Saatgut für 2,39 €. Die Sorte heißt 'Gartenzwerg'.

# 109  Lust, nicht Last

Vergehen wird mir die Lust am Gärtnern hoffentlich nie. Solange ich meine Arbeit in meinem Paradies nicht als Last empfinde, und solange ich dazu in der Lage bin, will ich gern weitergärtnern. Schließlich weiß ich: Mein Garten kann – wie ich – niemals fertig werden, niemals komplett sein.

Das Unangenehme gleich als Erstes erledigen, das ist, wie im echten Arbeitsleben, die wirksame Taktik. Da liegen die vom Septemberwind herabgewehten Zwetschgen, die schimmeligen und die wurmstichigen, die verhutzelten und die angepickten, auf dem Rasen und den Terrassenplatten herum. Lasse ich sie liegen, locken sie Gemeine Wespen an und verunsichern meine allergiegeplagte Gartenpartnerin. Also sammele ich sie gleich auf, wasche mir sorgsam die Hände in Unschuld unterm Pumpenwasser und bin gleich frei für die schönen Seiten des Kleingärtnerlebens.

Wenn ich diesen Alltagskram zu fassen kriege, erlebe ich immer aufs Neue: Meine Gartenstunden helfen mir beim Aufräumen der Gedanken. Das bewusst zu erleben, ist lustvoller Genuss. Wenn ich dies und das in der Natur entdecke, erkenne ich auch ein Stückchen von mir selbst, von meiner eigenen Natur.

Vor Jahren fragte mich ein alter Gewerkschaftsführer, der mir im Radio zugehört hatte: „Hast du wirklich einen Garten, oder ist das nur ein virtueller?" Ein virtueller Garten wie im Internet, simulierte Wirklichkeit, nur als Möglichkeit vorhandener Schein – nein, mein Kleingarten ist real. In dem kann ich mir die Hände erdig machen. Ich habe lebendige Nachbarn rechts und links, dahinter und gegenüber. Es ist ein Garten mit Meisen und Mäusen, mit Beeren, Blumen und Bäumen. Überall wachsen echte Rosen, keine ausgedachten, den Boden bedeckend und in die Höhe kletternd, buschig, strauchig und stachelig.

Ich habe es meinem alten Gewerkschaftsführer versichert: Wie aus einem kleinen Stück lebendigen Holzes, das du in die Erde pflanzst, nach wenigen Jahren eine raumfüllende Kletterrose wird, bei deren Blütenfülle dir der Atem stockt, deren Duft dich betört, das kannst du nicht virtuell erleben, sondern nur wirklich, in deinem Garten.

## 110  Ein goldener Spaten für besondere Fälle

Diesem Spaten habe ich zu Haus einen Ehrenplatz eingeräumt. Er muss nicht aktiv sein und auch nicht im Geräteraum auf einen Einsatz warten. Nur einmal habe ich ihn zum gemeinsamen Rosenpflanzen auf dem Funkhaushof gebraucht, das war ein besonderer Anlass, und der hat nur wenige kaum erkennbare Spuren hinterlassen. Ansonsten schone ich seine goldgelb spiegelnden Blattseiten.

Eigentlich wäre dies nur ein schlichtes Werkzeug zum Lösen und Bewegen von Boden. Dazu wird das Spatenblatt in die Erde getreten. Das ist jedem Laubenpieper vom ersten Tage an vertraut. Doch mein Spaten hat mehr als einen Nutzwert. Ihm ist in schlichten Worten etwas von Verdiensten und Kleingartenwesen eingeprägt. Als er mir in großer Versammlung überraschend verliehen wurde, war ich – was für Radioleute selten ist – ein paar Augenblicke sprachlos.

Meinem Schrebergarten verdanke ich mehr, als andere mir zu verdanken meinen. Er hat mir auch eine ganz unprofessionelle Bescheidenheit zugewiesen. Je mehr ich übers Gärtnern weiß, desto mehr weiß ich, wie wenig ich übers Gärtnern weiß.

Wie viel ich noch wissen möchte. Wie viel mich noch erwartet. Aber mein Laubenpieperdasein hat mich auch gelehrt: Ein Teil meiner Kraft kann aus meinem Garten wachsen.

## 111 Ein Kleingarten ist ein großes Stück vom Glück

Einen Kleingarten wollten wir immer haben. Der Beruf war ein ernster Grund, damit zu zögern, bis Zeit käme. Einst traten noch andere Hindernisse hervor, mit denen wir erst fertig werden wollten. Als schließlich Land in Sicht war, als wir mutig wurden, wollten wir nicht länger warten. Wir stellten alle Bedenken zurück, gingen auf die Suche. An einem klaren Wintertag sahen wir unseren Garten zum ersten Mal, tief verschneit und schlafend. Wir haben ihn angenommen. Er war uns fremd und wurde uns, Tag um Tag, Jahr für Jahr, vertraut. Hier sind wir zu Haus. Zum Wohlbefinden hat unser Gartenparadies nachhaltig beigetragen, mit seiner Schönheit, dem Wechsel von Werden und Vergehen, diesem Frieden.

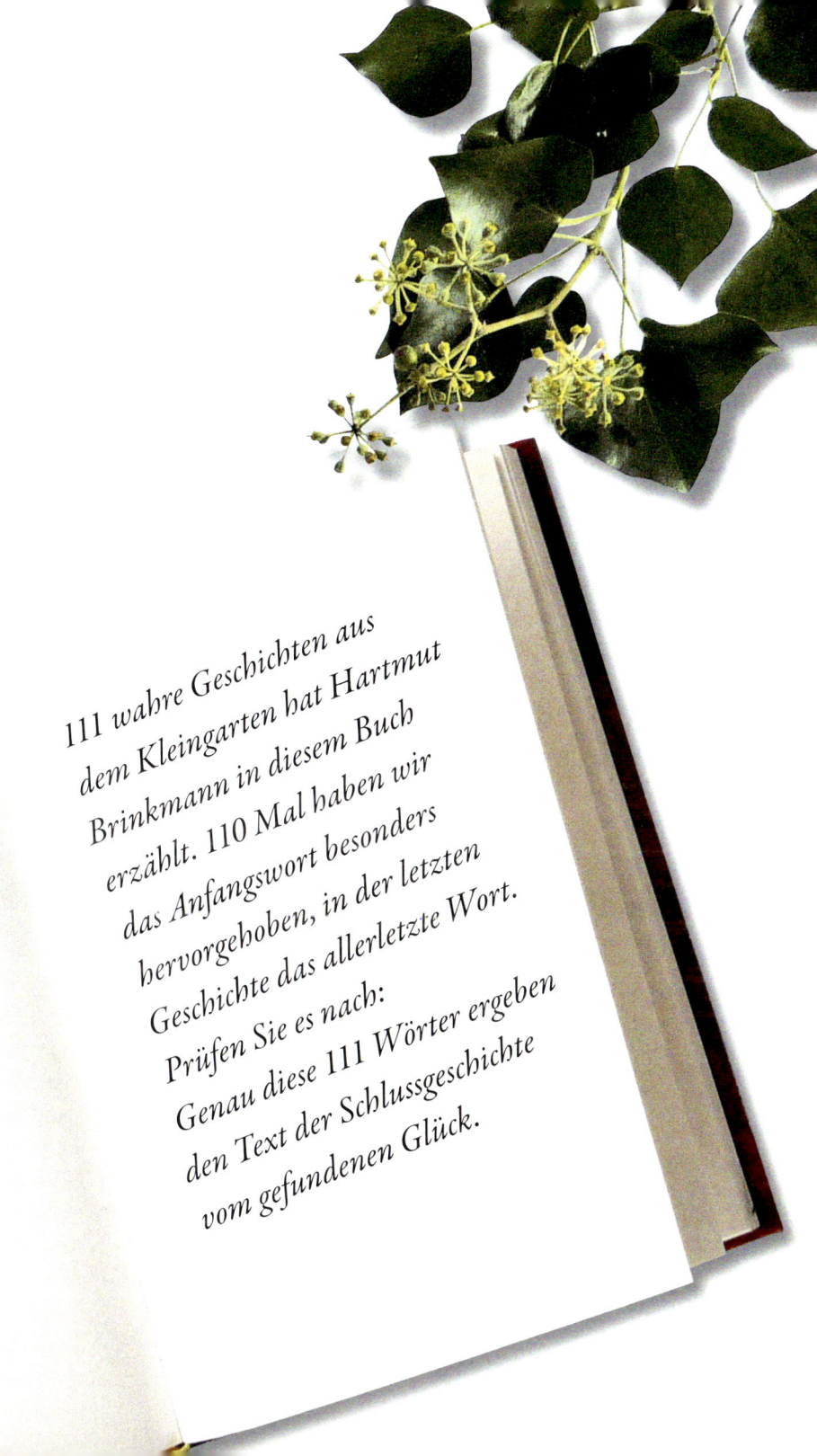

111 wahre Geschichten aus dem Kleingarten hat Hartmut Brinkmann in diesem Buch erzählt. 110 Mal haben wir das Anfangswort besonders hervorgehoben, in der letzten Geschichte das allerletzte Wort. Prüfen Sie es nach: Genau diese 111 Wörter ergeben den Text der Schlussgeschichte vom gefundenen Glück.

# Wegweiser zu meinem Gartenwissen

Die kursiven Zahlen verweisen auf die Geschichte zum Stichwort

# KOSMOS.
## *Wissen aus erster Hand.*

Hartmut Brinkmann | Der mit den Rosen spricht

160 S., 60 Farbfotos, €/D 12,95

ISBN 978-3-440-11164-2

### *Die ganze Welt der Rosen*

Begleiten Sie Hartmut Brinkmann durch 111 wahre
und humorvolle Geschichten und Anekdoten von Rosen
und Menschen. Kurzweilig gibt Hartmut Brinkmann
111 Antworten, warum jeder Gartenbesitzer mindestens
eine Rose in seinem Garten pflanzen sollte.
Ein Lesebuch, bei dem man ohne Risiko auch mitten-
drin zu lesen anfangen darf. Daneben zeigt er, wie
man es richtig macht – mit vielen Rosentipps für den
Hobbygärtner!

**www.kosmos.de/garten**

# KOSMOS.

## *Mehr wissen. Mehr erleben.*

Wolfgang Hensel | 120 populäre Gartenirrtümer
160 S., 50 s/w-Cartoons, €/D 12,95
ISBN 978-3-440-11546-6

### *Zum Schmunzeln und Staunen*

Verbessert Torf den Boden? Stammen die Tulpen aus
Holland? Gehören Schwertlilien zu den Zwiebel- und
Knollenpflanzen? Begleiten Sie Wolfgang Hensel auf
seinem Gartenrundgang und lassen Sie sich erklären,
was Ihr Nachbar noch nicht weiß oder schon lange
falsch macht. So werden Sie erfahren, dass Stockrosen
keine dornenlosen Verwandten der Rosen sind, dass
man Wurzelunkräuter nicht durch Ausgraben los wird
und dass Zieräpfel nicht giftig sind.

**www.kosmos.de/garten**

Bildnachweis:
Mit 45 Farbfotos von **Hartmut Brinkmann**, Hannover: S. 4, 6 o., 17, 20,
23, 26, 34, 37, 42, 48 beide, 52, 60, 69, 74, 78, 80, 85, 86, 88, 95, 98, 102, 104,
106, 114, 122, 125, 127, 128, 133, 134, 140, 147; **Birgit Brinkmann**,
Hannover: S. 44; **Gartenschatz**, Stuttgart: S. 3, 11, 47, 49, 58, 110, 119, 129;
**Reinhard Tierfoto**, Heiligkreuzsteinach-Eiterbach: S. 62, 67, 116; **Benja-
min Redeleit**, Bienenbüttel: S. 152; **Florapress**, Hamburg: S. 7, 87; **Kosmos
Verlag**, Stuttgart: S. 5, 6 u., 20 u., 34 u., 35, 47 u., 60 u., 61, 74 u., 75, 86 u.,
98 u., 99, 114 u., 115, 128 u., 140 u., 141, 155.

Impressum

Umschlaggestaltung von eStudio Calamar, Spanien unter Verwendung
einer Illustration von Susanne Strasser, München und eines Farbfotos
von Brigitte Brinkmann (vordere Klappe)

Unser gesamtes lieferbares Programm und viele
weitere Informationen zu unseren Büchern,
Spielen, Experimentierkästen, DVDs, Autoren und
Aktivitäten finden Sie unter **www.kosmos.de**

Gedruckt auf chlorfrei gebleichtem Papier

© 2009 Frankh-Komos Verlags-GmbH & Co. KG, Stuttgart.
Alle Rechte vorbehalten
ISBN 978-3-440-12143-6
Redaktion: Kathi Voges, Birgit Grimm
Produktion: DOPPELPUNKT, Stuttgart
Printed in Slovakia / Imprimé en Slovaquie